westermann

AF627672

TEAM LUPE ERMITTELT

Müll-Alarm!

3

Erarbeitet von
Sigrid Gottwald, Oberasbach
Myriam Prahl, München

Texte verfassen

INHALT

Kapitel geschafft? Dann hake es in diesen Feldern ab.

Unser Fall: Müll-Alarm!

Heute macht TEAM LUPE bei einer Umwelt-Aktion mit. Im Park liegt so viel Müll herum! Leute vom Verein „Schützt die Natur“ verteilen Handschuhe, Zangen und Müllsäcke. Umut wirft Elsa und Paul Handschuhe zu.
Die beiden fangen sie lachend auf. Dann geht es los.
Was da alles in ihrem Müllsack landet! Glasscherben, Dosen und Papier. Nach einer Stunde ist der Sack voll. Plötzlich ruft Paul: „Seht mal da, hinter den Büschen!“ Die Kinder starren auf einen alten Fernseher, einen Sessel und zwei Stapel Zeitschriften.
Lulu regt sich auf: „Ich glaub's nicht! Sperrmüll gehört auf den Wertstoffhof.“ „Da forschen wir sofort nach“, sagt Elsa.
„Super! Ein neuer Fall für TEAM LUPE!“

„Ein neuer Fall für TEAM LUPE!“
Finde die Hinweise und löse mit den Detektiven das Rätsel um den Müll im Park.

Ein Lapbook kennenlernen

1 Lies die Beschreibungen der **Lapbook-Vorlagen** durch. Welches Bild zeigt welche Vorlage? Schreibe die richtigen Zahlen zu den Vorlagen und zu den Texten.

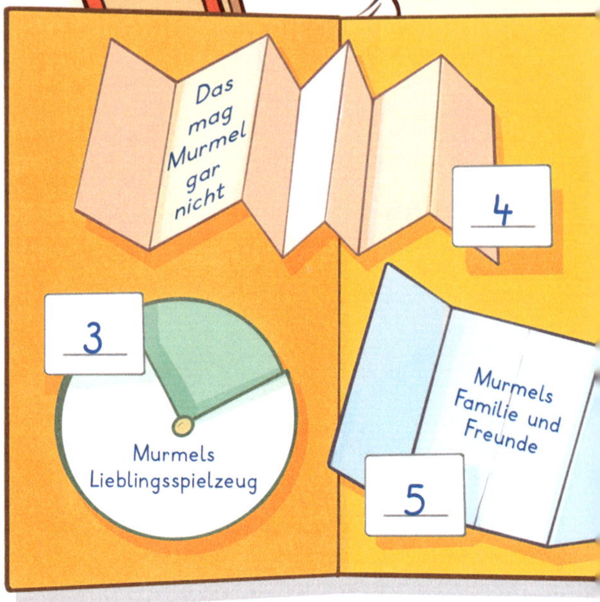

Auf die hintere Seite schreibe ich Texte oder male Bilder. Wenn ich die vordere Scheibe drehe, werden nur wenige Informationen sichtbar.

3 Drehscheibe

Durch Aufklappen der Seitenteile kann ich das Bild oder den Text in der Mitte entdecken.

____ ____________________

Hier steht das Thema in der Mitte. Auf die ausklappbaren Blütenblätter schreibe ich Informationen dazu.

____ ____________________

Dieses kleine Büchlein ist in Zickzack-Form gefaltet. So kann ich nach und nach darin alle Informationen auf den einzelnen Seiten lesen.

____ ____________________

Auf einzelnen Papierstreifen sind verschiedene Informationen untergebracht. Die Streifen verbinde ich mit einer Klammer.

____ ____________________

Ein Lapbook kennenlernen

In dieser Vorlage hefte ich verschieden große Papiere übereinander. Auf dem obersten kleinen Blatt steht das Thema. Durch Blättern kann ich die anderen Seiten entdecken.

In dieser runden Vorlage kann ich zum Beispiel gut ein Bild verstecken.

4 **Leporello** 6 **Fächer** 2 **Klappblume** ~~3 **Drehscheibe**~~

7 **Memo-Flip** 5 **Fensterladen** 1 **Kreistasche**

ACHTUNG ACHTUNG ACHTUNG

Merkmale von Lapbooks

Wenn ich ein Lapbook zu einem Thema anlegen möchte,

- sammle ich Ideen und interessante Informationen und notiere Stichwörter oder Texte dazu.
- wähle ich Vorlagen aus und übertrage meine Texte.
- klebe ich die Vorlagen ein und gestalte alles sorgfältig.

Die Vorlagen eines Lapbooks kennenlernen

1 Elsa gestaltet ein Lapbook. Beschrifte ihre Vorlagen mit passenden Überschriften.

Ein Lapbook über dich planen

1 Sammle Ideen für dein eigenes „Das bin ich“-Lapbook.

1. Mein Aussehen: Größe, Augenfarbe, Haarfarbe, Besonderheiten:

2. Das kann ich besonders gut:

3. Das würde ich gerne lernen:

4. Diese Menschen und Tiere gehören zu meiner Familie:

5. Das mag ich gern:

6. Das mag ich nicht so gern:

2 Hier kannst du noch etwas Eigenes ergänzen.

7. ______________________________

Ein Lapbook über dich gestalten

1 Suche dir 3 Themen von Seite 7 aus und gestalte dazu die abgebildeten Vorlagen für dein Lapbook.

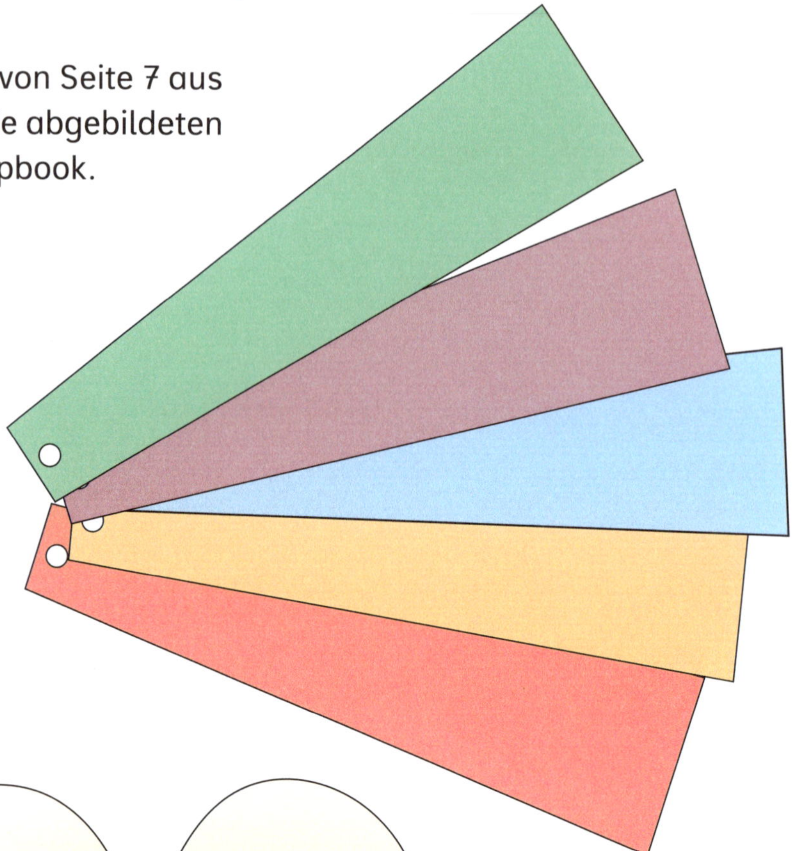

› informierenden Text verfassen: Lapbook
› verständlich, strukturiert und adressatengerecht schreiben
› Texte übersichtlich und zweckmäßig gestalten

Ein Lapbook über dich gestalten

2 Gestalte zu einem weiteren Thema ein kleines Leporello und klebe es hier auf.

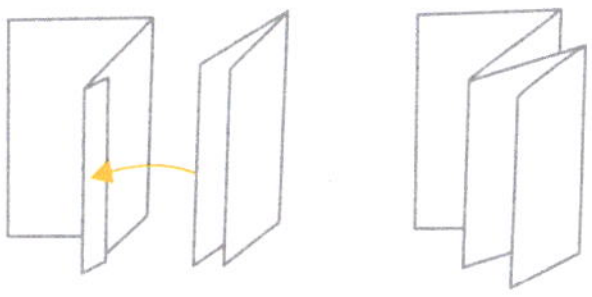

Tipp: Noch mehr tolle Vorlagen zur Gestaltung eines Lapbooks findest du auf: www.team-lupe-ermittelt.de

› informierenden Text verfassen: Lapbook
› verständlich, strukturiert und adressatengerecht schreiben
› Texte übersichtlich und zweckmäßig gestalten

Ein Lapbook überarbeiten

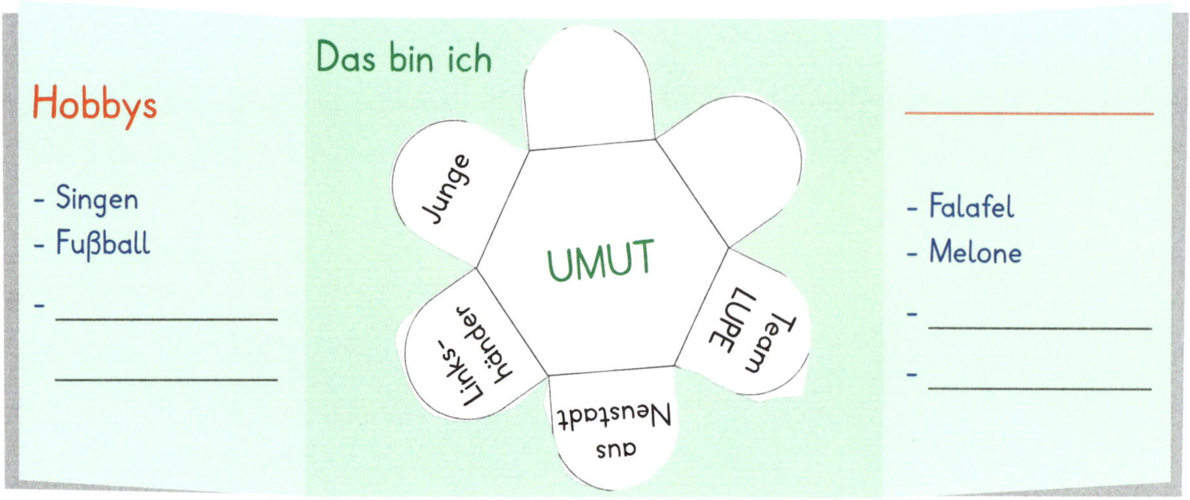

1 Umut hat ein Lapbook über sich gestaltet.
Was stimmt? Kreuze an.

	👍	👎
Umut hat gute Ideen gehabt.	☐	☐
Er hat die Vorlagen passend ausgewählt.	☐	☐
Umut hat sein Lapbook schön gestaltet.	☐	☐
Er hat sorgfältig gearbeitet.	☐	☐
Umut hat Rechtschreibfehler vermieden.	☐	☐

2 Welchen Tipp würdest du Umut zu seinem Lapbook geben?

____

____

3 Ergänze Umuts Lapbook.

› Texte an Schreibaufgabe überprüfen
› Schreibabsicht, Schreibsituation, Adressaten und Verwertungszusammenhang klären

Detektivwissen überprüfen

1 Teste dein Detektivwissen über das **Lapbook** und kreuze an.

	richtig	falsch
In ein Lapbook schreibe ich Wörter und Texte zu einem Thema.	☐	☐
Es ist egal, ob die Wörter richtig oder falsch geschrieben sind.	☐	☐
Ein Lapbook wird gefaltet, sodass man es aufklappen kann.	☐	☐
In meinem Lapbook schreibe ich besonders sorgfältig und vermeide Fehler.	☐	☐
Ich benutze verschiedene Vorlagen, damit mein Lapbook abwechslungsreich ist.	☐	☐
Bilder und Fotos müssen bunt sein, aber nicht zum Thema passen.	☐	☐

2 Überlege, zu welchen Themen du ein Lapbook gestalten möchtest.

____

____

____

› eigenen Lernstand einschätzen
› Lernergebnisse präsentieren

Spurensicherung: Der 1. Hinweis!

Die Kinder blicken wütend auf den Müll im Park.
„Lasst uns nach Spuren suchen", schlägt Umut vor.
Am Stoff des Sessels hängen ein paar schwarze Haare.
Stammen sie von einem Hund oder von einer Katze?
Elsa steckt ein Haar als Beweis in eine kleine Plastiktüte.
Paul blättert die Zeitschriften durch.
Es sind Heimwerker-Hefte. In einem steckt
eine Rechnung vom Baumarkt als Lesezeichen.
Paul kombiniert: „Da werkelt gerade jemand bei sich
zu Hause. Vielleicht ist das die Person, die wir suchen."
Lulu sagt aufgeregt: „Hier ist ein Aufkleber. Die Zeitschrift
wurde an eine Frau Sachs versendet. Da steht auch
eine Adresse." Umut ruft: „Hey, Leute!
Die Straße ist bei uns um die Ecke."

? Nach welcher Blume ist die Straße benannt? Ihre Blüte ist noch geschlossen, sie hat einen gebogenen Stiel und drei Blätter.

☐ Rose

1a

☐ Tulpe

1b

Einen Comic kennenlernen

1 Betrachte den Comic genau.

2 Welche Merkmale findest du in dem Comic? Beschrifte.

Tipp: Manches kommt mehrfach vor!

(1) Gesichtsausdruck (2) Soundwörter (3) Speedlines

(4) Denkblasen (5) Sprechblasen (6) Erzählkasten

ACHTUNG ACHTUNG ACHTUNG

Merkmale von Comics

- Ein Comic erzählt in mehreren Bildern eine Geschichte.
- In Erzählkästen stehen zusätzliche Informationen.
- In Sprech- und Denkblasen steht, was die Figuren denken und sprechen.
- Der Gesichtsausdruck drückt aus, was die Figur fühlt.
- Linien deuten Bewegungen an (Speedlines).
- Wörter geben Geräusche wieder (Soundwörter).

Einen Comic kennenlernen

1 Lies den Comic.

2 Was könnten die Personen sagen? Schreibe auf.

Entschuldigung, ______________________

____

Elsa fragt die Museumswärterin.

Die Wärterin antwortet ihr.

____

____

3 Was könnten die Personen denken? Schreibe auf.

____

____

Umut überlegt.

____

____

Ein älterer Herr steht neben ihm.

4 Was passiert? Überlege dir Soundwörter und schreibe sie auf.

______________ ______________ ______________

Einen Comic kennenlernen

5 Welche Informationen kannst du den Gesichtsausdrücken, Soundwörtern und Speedlines entnehmen? Schreibe auf.

Elsa ist verliebt.

Wörtliche Rede verwenden

1 Suche 10 Wörter zum Wortfeld **sprechen**. Kreise sie ein.

S	A	G	E	N	W	E	N	R	I	L	K	U	N	E	M	I	R	B	A
T	U	F	O	B	F	L	Ü	S	T	E	R	N	E	R	U	D	O	L	U
Ö	L	R	T	I	E	M	S	E	L	C	H	M	K	B	R	U	F	E	N
H	G	A	N	T	W	O	R	T	E	N	S	I	A	R	M	E	L	O	S
N	F	G	E	T	H	S	L	E	D	A	M	E	Z	C	E	J	U	L	I
E	L	E	R	E	Ü	B	E	R	L	E	G	E	N	H	L	F	R	E	M
N	A	N	Z	N	P	I	N	S	E	M	E	I	N	E	N	T	A	U	G

2 Lies die Sprechblasen. Überlege, wie die Kinder sprechen.
Schreibe passende Verben aus dem Wortfeld sprechen auf.

rufen

ACHTUNG ACHTUNG ACHTUNG

Das haben wir herausgefunden!

Merkmale der wörtlichen Rede

Ein **Begleitsatz** zeigt an, dass wörtliche Rede folgt.
Er drückt aus, **wer** spricht und **wie** er es tut.

Ein **Begleitsatz** endet mit einem **Doppelpunkt**. Die wörtliche Rede beginnt mit **Anführungszeichen unten** und endet mit **Anführungszeichen oben**.

Der Lehrer sagt: „In der Sport-AG spielen wir mit verschiedenen Bällen.“

› Wörter ordnen und nutzen: Wortfeld

Eine Geschichte mit wörtlicher Rede schreiben

1 Betrachte den Comic genau. Überlege, wie die Personen sprechen. Schreibe zu jedem Bild mindestens ein Wort aus dem Wortfeld **sprechen** auf.

______ ______ ______

2 Ergänze die Geschichte zu dem Comic.

Umut möchte im Wald gerne Beeren sammeln. Er schlägt Lulu vor: „______.“
Lulu ist einverstanden und meint: „______.“ An einer Kreuzung wissen sie nicht mehr, wie es weitergeht. Umut ruft: „______!“ Lulu aber meint: „______!“
Sie haben sich verlaufen. Lulu weint und fragt: „______?“ Da kommt der Förster mit seinem Hund.
Umut ruft erleichtert: „______!“

3 Schreibe einen passenden Schluss und verwende die wörtliche Rede.

______

______

______

› Texte nach Anregung schreiben
› strukturiert und adressatengerecht schreiben

Einen Schluss zu einem Comic erfinden

1 Schau den Comic an. Überlege, was passiert.
Schreibe je 3 wichtige Stichwörter unter jedes Bild.

Bild 1	Bild 2	Bild 3
Papagei		
entflogen		
allein		

2 Gestalte ein passendes Ende zum Comic.
Nutze auch Speedlines und Soundwörter.

Eine Geschichte mit wörtlicher Rede schreiben

3 Schreibe eine Geschichte zum Comic.
Benutze auch die wörtliche Rede.

Tipp: Denke an die Satzzeichen der wörtlichen Rede!

› Texte nach Anregung schreiben
› Schreibabsicht, Schreibsituation, Adressaten und Verwertungszusammenhang klären

Detektivwissen überprüfen

1 Teste dein Detektivwissen über den **Comic** und kreuze an.

	richtig	falsch
Eine Geschichte, die aus mehreren Bildern besteht, nennt man Comic.	☐	☐
Linien in Comics geben Geräusche wieder.	☐	☐
In einem Comic erkennt man in den Gesichtern der Figuren, was sie fühlen.	☐	☐
In den Denkblasen steht, was eine Person sagt.	☐	☐
Ein Begleitsatz drückt aus, wer gerade spricht und wie er es tut.	☐	☐

2 Welche Comics kennst du schon?

____

____

3 Zu welchem Thema würdest du gern mal einen Comic lesen?

____

____

› eigenen Lernstand einschätzen
› Lernergebnisse präsentieren

Spurensicherung: Der 2. Hinweis!

Umut steckt die Zeitschrift mit der Adresse in seinen Rucksack.
Die Kinder geben ihren Müllsack, die Handschuhe und Zangen ab.
Dann sprinten sie zu ihren Rädern und düsen los.
In der Tulpenstraße 5 klingeln die Detektive bei Frau Sachs.
Umut zeigt ihr die Zeitschrift und sagt: „Davon haben wir zwei Stapel im Park gefunden." „Ich sehe leider nicht mehr so gut",
sagt Frau Sachs. „Kommt doch kurz rein ins Wohnzimmer.
Ich hole meine Brille."
TEAM LUPE betritt das Wohnzimmer.
Plötzlich fällt eine Vase um
und alle erschrecken.
Nur Umut grinst. Er weiß,
wer die Vase umgeworfen hat.

? Verbinde die Zahlen von 1 bis 20.
Was siehst du?

☐ eine Katze

2a

☐ einen Hund

2b

Eine Beschreibung über ein Tier lesen und verstehen

1 Umuts Bruder Miran beschreibt den Fisch, den er sich wünscht. Lies.

2 Male den Fisch nach Mirans Beschreibung an.

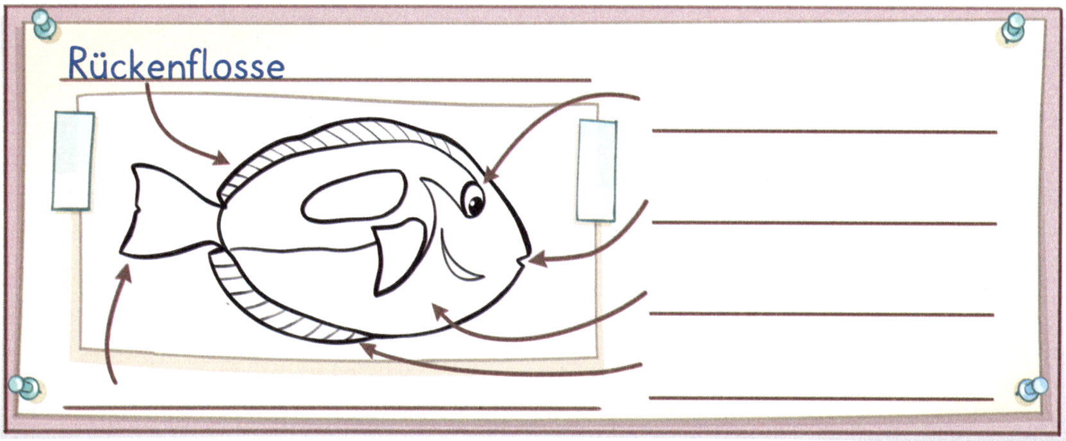

3 Beschrifte den Fisch mit den Fachbegriffen aus Mirans Beschreibung.

ACHTUNG ACHTUNG ACHTUNG

Merkmale von Beschreibungen

- Beschreibe etwas so, dass andere es sich gut vorstellen können.
- Beschreibe es so, wie es wirklich aussieht, und nicht, wie du es findest.
- Beschreibe es so genau wie möglich und achte auf die Reihenfolge.
- Beschreibe in vollständigen Sätzen.

Eine Beschreibung über ein Tier überarbeiten

1 Lies Mirans Beschreibung genau.

Mein Paletten-Doktorfisch

Mein niedlicher Fisch Mary hat einen wunderschönen dunkelblauen Körper mit interessanten schwarzen Flecken. Mary schwimmt mit ihren großen schwarzen Augen in meinem tollen Aquarium herum und kann im Dunklen gut sehen. Ihre Stirn fällt steil ab und ihre Schwanzflosse ist herrlich gelb. Strahlend blau ist ihre Rückenflosse und Bauchflosse. Fische wie meine süße Mary werden 15–30 cm groß und wohnen normalerweise im indischen Pazifik. Ich finde Mary toll!

2 Womit wird das Aussehen des Fisches beschrieben? Unterstreiche diese Satzteile im Text oben blau.

3 An welchen Wörtern merkst du, wie sehr Miran sein Fisch gefällt? Unterstreiche diese Wörter und Satzteile rot.

4 Schreibe Mirans Beschreibung so auf, dass man nicht mehr erkennen kann, wie sehr ihm sein Fisch gefällt.

Mein Fisch Mary hat

› Text an der Schreibaufgabe überprüfen
› Texte in Bezug auf die äußere und sprachliche Gestaltung hin überprüfen

Sachinformationen über ein Tier prüfen

1 Elsa und Paul haben Informationen über Landschildkröten zusammengetragen. Welche Informationen passen **nicht** in eine Tierbeschreibung? Streiche unpassende Zettel durch.

- Schildkröten sind Vegetarier. Sie mögen Gras, Klee, Heu, Löwenzahn und Salat.
- Landschildkröten gehören zu den Reptilien.
- Sie halten Winterruhe.
- ~~Schildkröten sind so süß.~~
- Sie legen Eier.
- Eine große Gefahr für junge Schildkröten sind Marder, Krähen und Ratten.
- Ihr Panzer besteht aus Horn.
- In meiner Lieblingsserie verwandelt sich der Held in eine Schildkröte.
- Ich habe schon einmal eine Schildkröte in der Hand gehalten.
- Landschildkröten leben in Wüsten, Steppen und Savannen.
- Wir spielen gerne mit Landschildkröten in der Wohnung.
- Landschildkröten können über 100 Jahre alt werden.

2 Finde im Lexikon oder Internet eine weitere interessante Information über Landschildkröten.

› sinnentnehmend lesen und Informationen überprüfen

Eine Beschreibung über ein Tier schreiben

So fertigst du eine Beschreibung in der richtigen Reihenfolge an:

- Betrachte genau, was du beschreiben willst.
- Eine Stichwortsammlung hilft dir dabei. Schreibe deine Stichwörter auf und sortiere sie in Kategorien.
- Diese Kategorien können für eine Beschreibung zu einem Tier sinnvoll sein:

1. Tierart
2. Lebensraum
3. Aussehen
4. Nahrung
5. Besonderheiten

3 Welche Zettel von Aufgabe 1 gehören zu welcher Kategorie? Male die Zettel auf der linken Seite in der richtigen Farbe aus.

4 Nummeriere die angemalten Zettel und bringe sie in eine passende Reihenfolge. Beachte dabei die Hinweise im Kasten oben.

5 Beschreibe eine Landschildkröte. Schreibe in ganzen Sätzen.

› Informationen überprüfen
› einen informierenden Text verfassen: Beschreibung

Eine Beschreibung über ein Fantasiewesen planen

1 Elsa hat Stichwörter zu ihrem Lieblingsmonster notiert.
Sortiere ihre Stichwörter und schreibe sie zu den passenden Verben.

-~~ein Fantasiewesen~~	-Bananen
-flauschiges Fell	-meistens fröhlich
-in meinem Zimmer	-blaue Punkte
-laut rülpsen	-Popcorn
-große Augen	-gut hören
-unter meinem Bett	-Tofu-Wurst
-nicht gefährlich	-leise schnarchen

ist: ein Fantasiewesen ____________

____

____

lebt: ____________

____

hat: ____________

____

____

isst: ____________

____

____

kann: ____________

____

____

2 Beschreibe das Aussehen und die Fähigkeiten
von Elsas Monster. Schreibe in ganzen Sätzen.

____

____

____

____

____

→ Tipp: Denke dir auch ein lustiges Monster aus und verfasse eine Beschreibung.

S. 58

› sinnentnehmend lesen und Informationen überprüfen
› einen informierenden Text verfassen: Beschreibung

Eine Beschreibung über eine Figur schreiben

1 Lies die Informationen über Lulus Superheldin.

- eine Superheldin
- meist allein unterwegs
- Größe: 200 cm
- Gewicht: 90 kg
- schleicht sich an die Feinde heran
- macht gerne Mittagsschlaf
- lebt in Europa
- rote Haare und viele Sommersprossen
- hilft Kindern und Tieren in Not
- isst viel Obst und Gemüse
- hoch und weit springen
- eine gute Schwimmerin

2 Schreibe einen Sachtext über Lulus Superheldin.
Achte auf eine sinnvolle Reihenfolge deiner Sätze.

› sinnentnehmend lesen und Informationen überprüfen
› einen informierenden Text verfassen: Beschreibung

Eine Beschreibung überarbeiten

1 Lies die Beschreibung über das Schneeglöckchen. Unterstreiche in den Sätzen ungenaue Angaben lila und unwichtige Angaben orange.

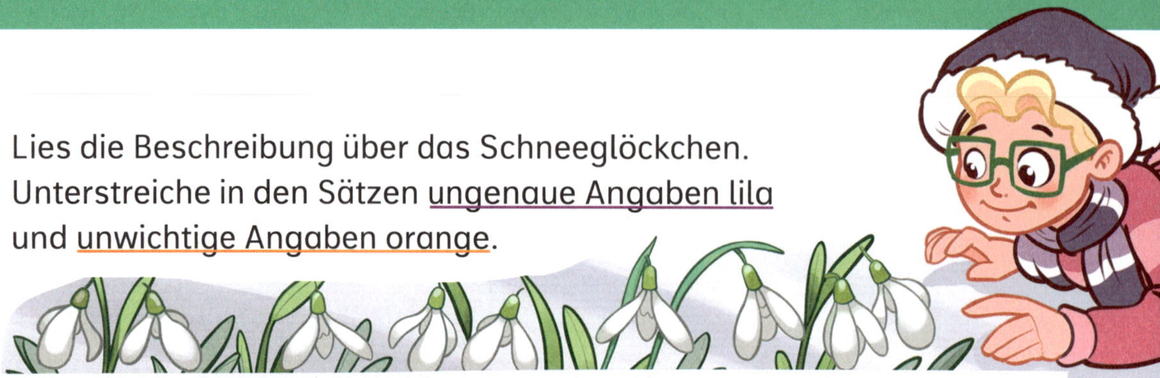

Das Schneeglöckchen ist eine Blume. Sie sieht schön aus. Aus dem, was in der Erde steckt, wachsen zwei Blätter. Schon im Winter, wenn noch Schnee liegt, kann man es blühen sehen. Es blüht bis in den Frühling. Das Schneeglöckchen wird bis zu 20 cm hoch und hat eine helle Blüte. Meiner Mama gefallen Schneeglöckchen. Die Blüte hat eine besondere Form und hängt nach unten. Die Pflanze ist giftig. In der Schule hängt ein Bild vom Schneeglöckchen an der Wand.

2 Schreibe einen verbesserten Sachtext auf. Ersetze die ungenauen Wörter aus dem Text mit den Stichwörtern auf den Zetteln. Lass Unwichtiges weg.

weiße | ab Februar | die Zwiebel | bis in den April | die Form einer Glocke | ~~Narzissengewächs~~

Das Schneeglöckchen ist ein Narzissengewächs.

› sinnentnehmend lesen und Informationen überprüfen
› einen informierenden Text verfassen: Beschreibung

Detektivwissen überprüfen

1 Teste dein Detektivwissen über eine **Beschreibung** und kreuze an.

	richtig	falsch
Eine Beschreibung muss so genau wie möglich sein, damit man sich das Beschriebene gut vorstellen kann.	☐	☐
Die Reihenfolge in einer Beschreibung ist nicht wichtig.	☐	☐
Eine Beschreibung wird in ganzen Sätzen formuliert.	☐	☐
Meine eigene Meinung passt immer in eine Beschreibung mit hinein.	☐	☐
In einer Beschreibung benutze ich, wenn möglich, Fachbegriffe.	☐	☐
Eine Stichwortsammlung kann mir bei der Planung meiner Beschreibung helfen.	☐	☐

2 Wen oder was kannst du gut beschreiben? Du kannst dir dafür Fotos oder Bilder ansehen.

____

____

› eigenen Lernstand einschätzen
› Lernergebnisse präsentieren

Spurensicherung: Der 3. Hinweis!

TEAM LUPE ist immer noch bei Frau Sachs. Wie der Wind huscht Katze Mimi davon. Sie hat die Vase umgeworfen. Paul fallen die schwarzen Haare auf dem Sessel ein. Er fischt ein Katzenhaar vom Sofa und steckt es in ein Taschentuch. Frau Sachs kommt mit ihrer Brille zurück. Verwundert betrachtet sie die Zeitschrift und sagt: „Wie kommt die denn in den Park?“ Frau Sachs erzählt, dass sie neulich ihren Keller aufgeräumt hat. Dabei hat sie einige alte Zeitschriften gefunden. Frau Sachs blinzelt: „Ich habe sie dem netten Mann vom Haus nebenan geschenkt. Der baut gerade seinen Dachboden aus. Wie heißt er noch gleich? Ach, ich werde immer vergesslicher.“

? Wie heißt der Mann? Die Geheimschrift verrät es dir.
Ein Tipp: b → a, c → b, d → c usw.

☐ Finkenwald ☐ Fichtenwald

3a

3b

Argumentieren: Pro und Kontra

1 Welche Argumente sprechen für einen Unterrichtsbeginn ab 9 Uhr? Welche sprechen dagegen? Kreise die Karten mit den Pro-Stichwörtern grün und die mit den Kontra-Stichwörtern rot ein.

Unterricht ab 9 Uhr

- schlechte Laune, wenn ich früh aufstehe
- nicht mehr müde in die Schule gehen
- Eltern gehen früher zur Arbeit
- länger Unterricht als sonst
- erst am Nachmittag zu Hause
- wenig Zeit für Freunde und Hobbys
- ausschlafen können
- sich im Unterricht besser konzentrieren können

2 Was denkst du über das Thema **Unterricht ab 9 Uhr**? Ergänze die Sätze.

Ich finde, dass ______________________________

____

Ein Argument dafür ist, ______________________________

____

Für mich spricht dagegen, dass ______________________________

____

ACHTUNG ACHTUNG ACHTUNG

Argumente formulieren

- Argumente werden in **pro** (dafür) und **kontra** (dagegen) unterschieden.
- Mit Argumenten kannst du deine Meinung begründen, um jemanden zu überzeugen.
- Sie sollten Tatsachen beschreiben und nachvollziehbar sein.
- Deine Gedanken und Gefühle solltest du begründen.

› funktionsgerecht schreiben: Argumente

Argumente finden und jemanden überzeugen

1 Lulu wünscht sich ein eigenes Tablet.
Ihr Vater ist dagegen. Lies seine Argumente.

2 Mit welchen Argumenten könnte Lulu ihren Vater überzeugen?
Hilf Lulu und schreibe eine Pro-Liste.

Pro: Ein eigenes Tablet besitzen

-
-
-
-

3 Gibt es für dich auch Argumente, die gegen ein eigenes Tablet sprechen? Schreibe sie auf.

____

____

4 Notiere nun deine eigene Meinung zum Thema.

Ich finde ein eigenes Tablet ______________, weil ______________

____

____

1 Der Krimi beginnt mit dieser Seite:

Unser Fall

Hier erfährst du, was passiert ist.

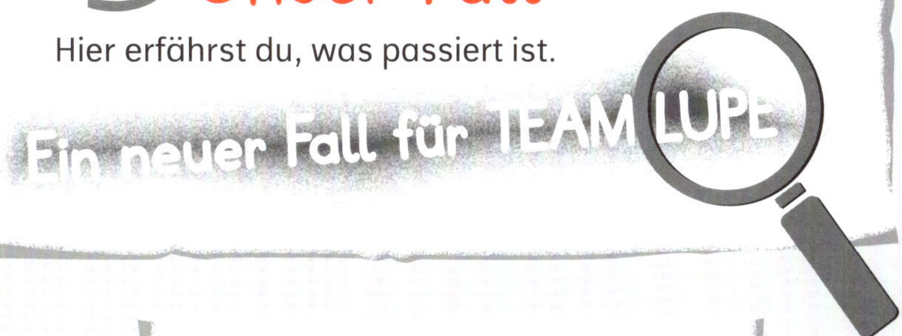

Bevor es mit dem Fall weitergeht, kommt erst mal ein Übungskapitel.

2 Weiter geht es mit der

Spurensicherung

Du ermittelst gemeinsam mit TEAM LUPE.
Löse das Rätsel und finde den Hinweis.
Jetzt weißt du, welcher Sticker in die Fallakte gehört.

Klebe den richtigen Hinweis-Sticker vom Stickerbogen in die Fallakte.

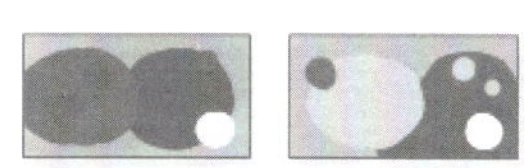

Bist du unsicher, welches der richtige Sticker ist? Du findest die Lösung auch immer versteckt auf der Seite.

Übe nun weiter.

2-mal blättern, dann geht es weiter.

Illustrationen: Michael Stapper

Meine Hinweis-Sticker für den Fall

1a

1b

2a

2b

3a

3b

4a

4b

5a

5b

6a

6b

Illustrationen: Antje Hagemann

westermann

TEAM LUPE ERMITTELT

Müll-Alarm

LÖSUNGEN

(zum Heraustrennen die mittlere Klammer lösen)

3

Texte verfassen

Lösungen zu
ISBN 978-3-14-**141478**-3
Illustriert von Cesare Asaro, Antje Hagemann, Michael Stapper, Zapf

TEAM LUPE ERMITTELT – Texte verfassen 3 – LÖSUNGEN

Ein Lapbook kennenlernen

1 Lies die Beschreibungen der **Lapbook-Vorlagen** durch. Welches Bild zeigt welche Vorlage? Schreibe die richtigen Zahlen zu den Vorlagen und zu den Texten.

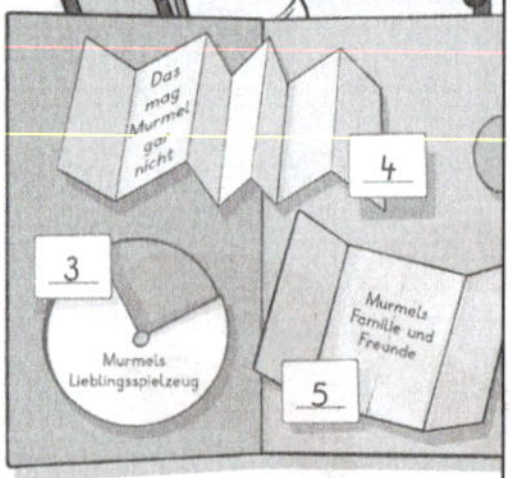

Auf die hintere Seite schreibe ich Texte oder male Bilder. Wenn ich die vordere Scheibe drehe, werden nur wenige Informationen sichtbar.
3 Drehscheibe

Durch Aufklappen der Seitenteile kann ich das Bild oder den Text in der Mitte entdecken.
5 Fensterladen

Hier steht das Thema in der Mitte. Auf die ausklappbaren Blütenblätter schreibe ich Informationen dazu.
2 Klappblume

Dieses kleine Büchlein ist in Zickzack-Form gefaltet. So kann ich nach und nach darin alle Informationen auf den einzelnen Seiten lesen.
4 Leporello

Auf einzelnen Papierstreifen sind verschiedene Informationen untergebracht. Die Streifen verbinde ich mit einer Klammer.
6 Fächer

Ein Lapbook kennenlernen

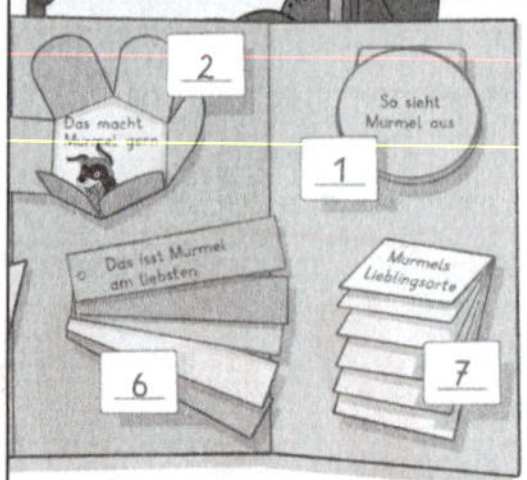

In dieser Vorlage hefte ich verschieden große Papiere übereinander. Auf dem obersten kleinen Blatt steht das Thema. Durch Blättern kann ich die anderen Seiten entdecken.
7 Memo-Flip

In dieser runden Vorlage kann ich zum Beispiel gut ein Bild verstecken.
1 Kreistasche

~~4 Leporello~~ ~~6 Fächer~~ ~~2 Klappblume~~ ~~3 Drehscheibe~~ ~~7 Memo-Flip~~ ~~5 Fensterladen~~ ~~1 Kreistasche~~

ACHTUNG ACHTUNG ACHTUNG

Merkmale von Lapbooks
Wenn ich ein Lapbook zu einem Thema anlegen möchte,
- sammle ich Ideen und interessante Informationen und notiere Stichwörter oder Texte dazu.
- wähle ich Vorlagen aus und übertrage meine Texte.
- klebe ich die Vorlagen ein und gestalte alles sorgfältig.

Die Vorlagen eines Lapbooks kennenlernen

1 Elsa gestaltet ein Lapbook. Beschrifte ihre Vorlagen mit passenden Überschriften.

Beispiele

Ein Lapbook über dich planen

1 Sammle Ideen für dein eigenes „Das bin ich"-Lapbook.

1. Mein Aussehen: Größe, Augenfarbe, Haarfarbe, Besonderheiten:
2. Das kann ich besonders gut:
3. Das würde ich gerne lernen:
4. Diese Menschen und Tiere gehören zu meiner Familie:
5. Das mag ich gern:
6. Das mag ich nicht so gern:

individuelle Lösungen

2 Hier kannst du noch etwas Eigenes ergänzen.

7.

individuelle Lösung

Ein Lapbook über dich gestalten

1 Suche dir 3 Themen von Seite 7 aus und gestalte dazu die abgebildeten Vorlagen für dein Lapbook.

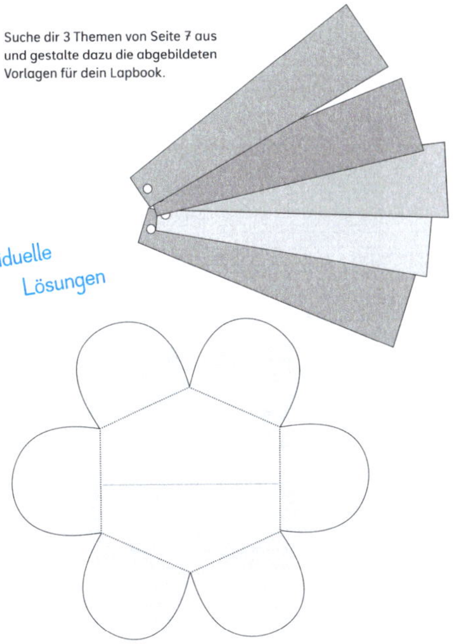

individuelle Lösungen

Ein Lapbook über dich gestalten

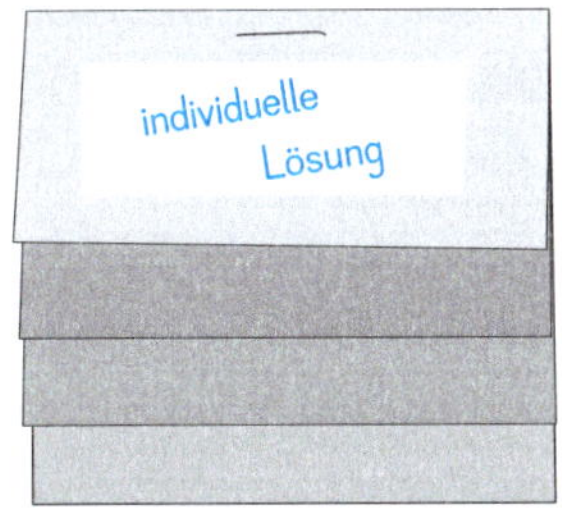

individuelle Lösung

2 Gestalte zu einem weiteren Thema ein kleines Leporello und klebe es hier auf.

individuelle Lösung

Tipp: Noch mehr tolle Vorlagen zur Gestaltung eines Lapbooks findest du auf: www.team-lupe-ermittelt.de

Ein Lapbook überarbeiten

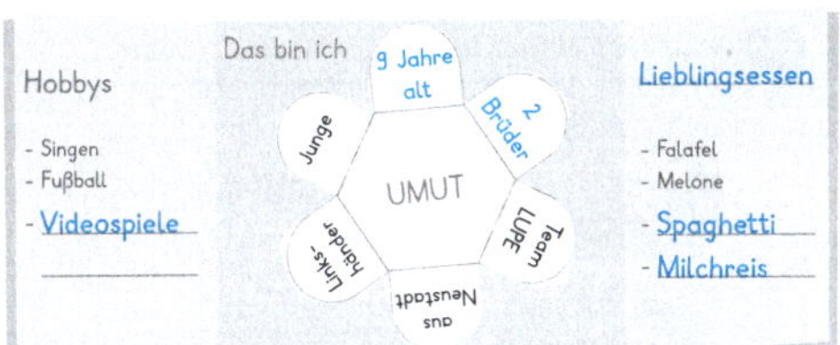

1 Umut hat ein Lapbook über sich gestaltet. Was stimmt? Kreuze an.

	👍	👎
Umut hat gute Ideen gehabt.	X	
Er hat die Vorlagen passend ausgewählt.	X	
Umut hat sein Lapbook schön gestaltet.		X
Er hat sorgfältig gearbeitet.		X
Umut hat Rechtschreibfehler vermieden.	X	

2 Welchen Tipp würdest du Umut zu seinem Lapbook geben?

individuelle Lösung

3 Ergänze Umuts Lapbook.

Ich bin 9 Jahre alt und habe 2 Brüder. Mit meinen Brüdern spiele ich gern Videospiele. Am allerliebsten esse ich Spaghetti und Milchreis.

Detektivwissen überprüfen

1 Teste dein Detektivwissen über das **Lapbook** und kreuze an.

	richtig	falsch
In ein Lapbook schreibe ich Wörter und Texte zu einem Thema.	X	
Es ist egal, ob die Wörter richtig oder falsch geschrieben sind.		X
Ein Lapbook wird gefaltet, sodass man es aufklappen kann.	X	
In meinem Lapbook schreibe ich besonders sorgfältig und vermeide Fehler.	X	
Ich benutze verschiedene Vorlagen, damit mein Lapbook abwechslungsreich ist.	X	
Bilder und Fotos müssen bunt sein, aber nicht zum Thema passen.		X

2 Überlege, zu welchen Themen du ein Lapbook gestalten möchtest.

individuelle Lösung

Spurensicherung: Der 1. Hinweis!

Die Kinder blicken wütend auf den Müll im Park.
„Lasst uns nach Spuren suchen", schlägt Umut vor.
Am Stoff des Sessels hängen ein paar schwarze Haare.
Stammen sie von einem Hund oder von einer Katze?
Elsa steckt ein Haar als Beweis in eine kleine Plastiktüte.
Paul blättert die Zeitschriften durch.
Es sind Heimwerker-Hefte. In einem steckt
eine Rechnung vom Baumarkt als Lesezeichen.
Paul kombiniert: „Da werkelt gerade jemand bei sich
zu Hause. Vielleicht ist das die Person, die wir suchen."
Lulu sagt aufgeregt: „Hier ist ein Aufkleber. Die Zeitschrift
wurde an eine Frau Sachs versendet. Da steht auch
eine Adresse." Umut ruft: „Hey, Leute!
Die Straße ist bei uns um die Ecke."

? Nach welcher Blume ist die Straße benannt? Ihre Blüte ist noch geschlossen, sie hat einen gebogenen Stiel und drei Blätter.

☐ Rose 1a

☒ Tulpe 1b

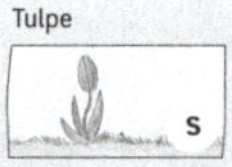

1 Betrachte den Comic genau.

2 Welche Merkmale findest du in dem Comic? Beschrifte.

Tipp: Manches kommt mehrfach vor!

(1) Gesichtsausdruck (2) Soundwörter (3) Speedlines
(4) Denkblasen (5) Sprechblasen (6) Erzählkasten

ACHTUNG

Merkmale von Comics

- Ein Comic erzählt in mehreren Bildern eine Geschichte.
- In Erzählkästen stehen zusätzliche Informationen.
- In Sprech- und Denkblasen steht, was die Figuren denken und sprechen.
- Der Gesichtsausdruck drückt aus, was die Figur fühlt.
- Linien deuten Bewegungen an (Speedlines).
- Wörter geben Geräusche wieder (Soundwörter).

› Textsorten kennen und verstehen: Comic

1 Lies den Comic.

2 Was könnten die Personen sagen? Schreibe auf.

Beispiele

Entschuldigung, wo ist die Toilette?
Elsa fragt die Museumswärterin.

Die Wärterin antwortet ihr.
Folge dem Schild „WC".

3 Was könnten die Personen denken? Schreibe auf.

Beispiele

Wann hat dieses Tier wohl gelebt?
Umut überlegt.

Was liest der Junge auf dem Schild gerade?
Ein älterer Herr steht neben ihm.

4 Was passiert? Überlege dir Soundwörter und schreibe sie auf.

Beispiele

„Klong!" „Peng!" „Wischwisch!"

› Textsorten kennen und verstehen: Comic
› Texte nach Anregung schreiben

5 Welche Informationen kannst du den Gesichtsausdrücken, Soundwörtern und Speedlines entnehmen? Schreibe auf.

Beispiele

Elsa ist verliebt.

Umut schläft.

Lulu hat eine Idee.

Paul hält sich die Nase zu, es stinkt.

Murmel freut sich.

Elsa kennt den Weg nicht.

› Textsorten kennen und verstehen: Comic
› Texte nach Anregung schreiben

TEAM LUPE ERMITTELT – Texte verfassen 3 – LÖSUNGEN

Erzählende Texte verfassen – Comic

Wörtliche Rede verwenden

1 Suche 10 Wörter zum Wortfeld **sprechen**. Kreise sie ein.

S	A	G	E	N	W	E	N	R	I	L	K	U	N	E	M	I	R	B	A
T	U	F	O	B	F	L	Ü	S	T	E	R	N	E	R	U	D	O	L	U
Ö	L	R	T	I	E	M	S	E	L	C	H	M	K	B	R	U	F	E	N
H	G	A	N	T	W	O	R	T	E	N	S	I	A	R	M	E	L	O	S
N	F	G	E	T	H	S	L	E	D	A	M	E	Z	C	E	J	U	L	I
E	L	E	R	E	Ü	B	E	R	L	E	G	E	N	H	L	F	R	E	M
N	A	N	Z	N	P	I	N	S	E	M	E	I	N	E	N	T	A	U	G

2 Lies die Sprechblasen. Überlege, wie die Kinder sprechen. Schreibe passende Verben aus dem Wortfeld sprechen auf.

rufen

flüstern

antworten

stöhnen

Merkmale der wörtlichen Rede

Das haben wir herausgefunden!

Ein **Begleitsatz** zeigt an, dass wörtliche Rede folgt. Er drückt aus, **wer** spricht und **wie** er es tut.

Ein **Begleitsatz** endet mit einem **Doppelpunkt**. Die wörtliche Rede beginnt mit **Anführungszeichen unten** und endet mit **Anführungszeichen oben**.

Der Lehrer sagt: „In der Sport-AG spielen wir mit verschiedenen Bällen."

› Wörter ordnen und nutzen: Wortfeld

Erzählende Texte verfassen – Comic

Eine Geschichte mit wörtlicher Rede schreiben

1 Betrachte den Comic genau. Überlege, wie die Personen sprechen. Schreibe zu jedem Bild mindestens ein Wort aus dem Wortfeld **sprechen** auf.

Beispiele

sagen | überlegen | rufen

2 Ergänze die Geschichte zu dem Comic.

Beispiel

Umut möchte im Wald gerne Beeren sammeln. Er schlägt Lulu vor: „Komm, wir sammeln im Wald nach Beeren." Lulu ist einverstanden und meint: „Tolle Idee! Ich mag am liebsten Waldhimbeeren." An einer Kreuzung wissen sie nicht mehr, wie es weitergeht. Umut ruft: „Wir müssen links abbiegen!" Lulu aber meint: „Nein, nach rechts!" Sie haben sich verlaufen. Lulu weint und fragt: „Kann uns denn keiner helfen?" Da kommt der Förster mit seinem Hund. Umut ruft erleichtert: „Wir können den Förster fragen. Der zeigt uns den Weg aus dem Wald!"

3 Schreibe einen passenden Schluss und verwende die wörtliche Rede.

Denke an die Zeichen der wörtlichen Rede!

individuelle Lösung

› Texte nach Anregung schreiben
› strukturiert und adressatengerecht schreiben

Erzählende Texte verfassen – Comic

Einen Schluss zu einem Comic erfinden

1 Schau den Comic an. Überlege, was passiert. Schreibe je 3 wichtige Stichwörter unter jedes Bild.

Beispiele

Papagei	Hilfe	Hunger
entflogen	Zuhause	Polizei
allein	schön	Tierheim

2 Gestalte ein passendes Ende zum Comic. Nutze auch Speedlines und Soundwörter.

individuelle Lösung

› Sprachliche Mittel und Ideen sammeln
› Text in Bezug auf die äußere Gestaltung hin optimieren

Erzählende Texte verfassen – Comic

Eine Geschichte mit wörtlicher Rede schreiben

3 Schreibe eine Geschichte zum Comic. Benutze auch die wörtliche Rede.

Tipp: Denke an die Satzzeichen der wörtlichen Rede!

individuelle Lösung

› Texte nach Anregung schreiben
› Schreibabsicht, Schreibsituation, Adressaten und Verwertungszusammenhang klären

Detektivwissen überprüfen

1 Teste dein Detektivwissen über den **Comic** und kreuze an.

	richtig	falsch
Eine Geschichte, die aus mehreren Bildern besteht, nennt man Comic.	☒	☐
Linien in Comics geben Geräusche wieder.	☒	☐
In einem Comic erkennt man in den Gesichtern der Figuren, was sie fühlen.	☒	☐
In den Denkblasen steht, was eine Person sagt.	☐	☒
Ein Begleitsatz drückt aus, wer gerade spricht und wie er es tut.	☒	☐

2 Welche Comics kennst du schon?

individuelle Lösung

3 Zu welchem Thema würdest du gern mal einen Comic lesen?

individuelle Lösung

› eigenen Lernstand einschätzen
› Lernergebnisse präsentieren

Spurensicherung: Der 2. Hinweis!

Umut steckt die Zeitschrift mit der Adresse in seinen Rucksack.
Die Kinder geben ihren Müllsack, die Handschuhe und Zangen ab.
Dann sprinten sie zu ihren Rädern und düsen los.
In der Tulpenstraße 5 klingeln die Detektive bei Frau Sachs.
Umut zeigt ihr die Zeitschrift und sagt: „Davon haben wir zwei Stapel im Park gefunden." „Ich sehe leider nicht mehr so gut", sagt Frau Sachs. „Kommt doch kurz rein ins Wohnzimmer.
Ich hole meine Brille."
TEAM LUPE betritt das Wohnzimmer.
Plötzlich fällt eine Vase um und alle erschrecken.
Nur Umut grinst. Er weiß, wer die Vase umgeworfen hat.

? Verbinde die Zahlen von 1 bis 20.
Was siehst du?

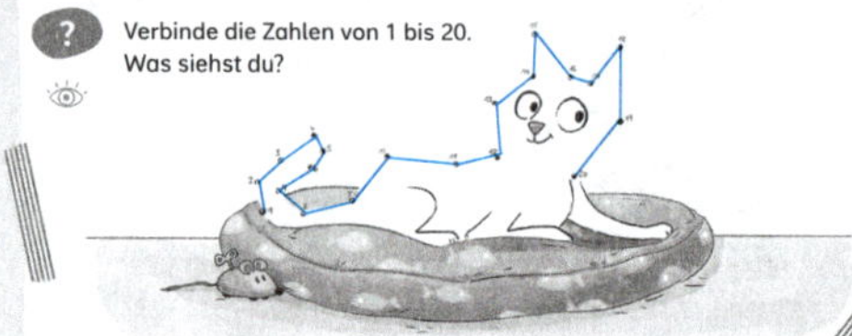

☒ eine Katze 2a

☐ einen Hund 2b

Informierende Texte verfassen – Beschreibung

Eine Beschreibung über ein Tier lesen und verstehen

1 Umuts Bruder Miran beschreibt den Fisch, den er sich wünscht. Lies.

2 Male den Fisch nach Mirans Beschreibung an.

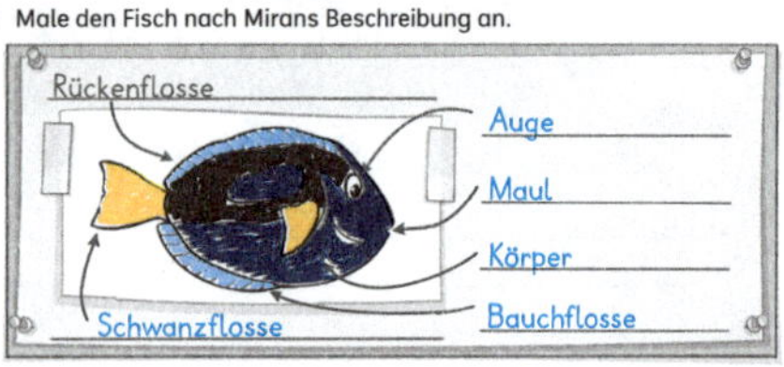

3 Beschrifte den Fisch mit den Fachbegriffen aus Mirans Beschreibung.

ACHTUNG

Merkmale von Beschreibungen

- Beschreibe etwas so, dass andere es sich gut vorstellen können.
- Beschreibe es so, wie es wirklich aussieht, und nicht, wie du es findest.
- Beschreibe es so genau wie möglich und achte auf die Reihenfolge.
- Beschreibe in vollständigen Sätzen.

› informierende Texte kennenlernen: Beschreibung
› Informationen aus Texten entnehmen

Informierende Texte verfassen – Beschreibung

Eine Beschreibung über ein Tier überarbeiten

1 Lies Mirans Beschreibung genau.

Mein Paletten-Doktorfisch

Mein niedlicher Fisch Mary hat einen wunderschönen dunkelblauen Körper mit interessanten schwarzen Flecken. Mary schwimmt mit ihren großen schwarzen Augen in meinem tollen Aquarium herum und kann im Dunklen gut sehen. Ihre Stirn fällt steil ab und ihre Schwanzflosse ist herrlich gelb. Strahlend blau ist ihre Rückenflosse und Bauchflosse. Fische wie meine süße Mary werden 15–30 cm groß und wohnen normalerweise im indischen Pazifik. Ich finde Mary toll!

2 Womit wird das Aussehen des Fisches beschrieben? Unterstreiche diese Satzteile im Text oben blau.

3 An welchen Wörtern merkst du, wie sehr Miran sein Fisch gefällt? Unterstreiche diese Wörter und Satzteile rot.

4 Schreibe Mirans Beschreibung so auf, dass man nicht mehr erkennen kann, wie sehr ihm sein Fisch gefällt.

Beispiel

Mein Fisch Mary hat einen dunkelblauen Körper mit schwarzen Flecken. Mary schwimmt mit ihren schwarzen Augen im Aquarium herum und kann im Dunklen gut sehen. Ihre Stirn fällt steil ab und ihre Schwanzflosse ist gelb. Ihre Rückenflosse und Bauchflosse sind blau. Diese Fische werden 15–30 cm groß und wohnen im indischen Ozean.

› Text an der Schreibaufgabe überprüfen
› Texte in Bezug auf die äußere und sprachliche Gestaltung hin überprüfen

Sachinformationen über ein Tier prüfen

1 Elsa und Paul haben Informationen über Landschildkröten zusammengetragen. Welche Informationen passen **nicht** in eine Tierbeschreibung? Streiche unpassende Zettel durch.

- Schildkröten sind Vegetarier. Sie mögen Gras, Klee, Heu, Löwenzahn und Salat. (4)
- Landschildkröten gehören zu den Reptilien. (1)
- Sie halten Winterruhe. (8)
- ~~Schildkröten sind so süß.~~
- Sie legen Eier. (5)
- Eine große Gefahr für junge Schildkröten sind Marder, Krähen und Ratten. (6)
- Ihr Panzer besteht aus Horn. (3)
- ~~In meiner Lieblingsserie verwandelt sich der Held in eine Schildkröte.~~
- ~~Ich habe schon einmal eine Schildkröte in der Hand gehalten.~~
- Landschildkröten leben in Wüsten, Steppen und Savannen. (2)
- ~~Wir spielen gerne mit Landschildkröten in der Wohnung.~~
- Landschildkröten können über 100 Jahre alt werden. (7)

2 Finde im Lexikon oder Internet eine weitere interessante Information über Landschildkröten.

individuelle Lösung

Eine Beschreibung über ein Tier schreiben

So fertigst du eine Beschreibung in der richtigen Reihenfolge an:

- Betrachte genau, was du beschreiben willst.
- Eine Stichwortsammlung hilft dir dabei. Schreibe deine Stichwörter auf und sortiere sie in Kategorien.
- Diese Kategorien können für eine Beschreibung zu einem Tier sinnvoll sein:
  1. Tierart 2. Lebensraum 3. Aussehen
  4. Nahrung 5. Besonderheiten

Dies kann dir bei einer Beschreibung helfen.

3 Welche Zettel von Aufgabe 1 gehören zu welcher Kategorie? Male die Zettel auf der linken Seite in der richtigen Farbe aus.

4 Nummeriere die angemalten Zettel und bringe sie in eine passende Reihenfolge. Beachte dabei die Hinweise im Kasten oben.

5 Beschreibe eine Landschildkröte. Schreibe in ganzen Sätzen.

Beispiel

Landschildkröten gehören zu den Reptilien. Sie leben in Wüsten, Steppen und Savannen. Ihr Panzer besteht aus Horn. Schildkröten sind Vegetarier. Sie mögen Gras, Klee, Heu, Löwenzahn und Salat. Sie legen Eier. Eine große Gefahr für Schildkröten sind Marder, Krähen und Ratten. Landschildkröten können über 100 Jahre alt werden. Sie halten Winterruhe.

Eine Beschreibung über ein Fantasiewesen planen

1 Elsa hat Stichwörter zu ihrem Lieblingsmonster notiert. Sortiere ihre Stichwörter und schreibe sie zu den passenden Verben.

~~- ein Fantasiewesen~~	~~- Bananen~~
~~- flauschiges Fell~~	~~- meistens fröhlich~~
~~- in meinem Zimmer~~	~~- blaue Punkte~~
~~- laut rülpsen~~	~~- Popcorn~~
~~- große Augen~~	~~- gut hören~~
~~- unter meinem Bett~~	~~- Tofu-Wurst~~
~~- nicht gefährlich~~	~~- leise schnarchen~~

ist: ein Fantasiewesen, nicht gefährlich, meistens fröhlich

lebt: in meinem Zimmer, unter meinem Bett

hat: flauschiges Fell, große Augen, blaue Punkte

isst: Bananen, Popcorn, Tofu-Wurst

kann: laut rülpsen, gut hören, leise schnarchen

2 Beschreibe das Aussehen und die Fähigkeiten von Elsas Monster. Schreibe in ganzen Sätzen.

Beispiel

Mein Monster hat flauschiges Fell mit blauen Punkten. Seine Augen sind groß. Es kann laut rülpsen und sehr gut hören. Nachts schnarcht es leise.

→ Tipp: Denke dir auch ein lustiges Monster aus und verfasse eine Beschreibung.

Eine Beschreibung über eine Figur schreiben

1 Lies die Informationen über Lulus Superheldin.

2 Schreibe einen Sachtext über Lulus Superheldin. Achte auf eine sinnvolle Reihenfolge deiner Sätze.

Beispiel

Lulus Superheldin heißt Mila. Sie ist 2 m groß und wiegt 90 kg. Mila hat rote Haare und viele Sommersprossen. Sie isst gerne viel Obst und Gemüse. Das hilft ihr dabei, hoch und weit zu springen. Zudem kann sie sehr gut schwimmen. Mila lebt in Europa, dort hilft sie Kindern und Tieren in Not. Meist ist sie allein unterwegs, so kann sie sich an ihre Feinde heranschleichen.

Eine Beschreibung überarbeiten

1 Lies die Beschreibung über das Schneeglöckchen. Unterstreiche in den Sätzen ungenaue Angaben lila und unwichtige Angaben orange.

Das Schneeglöckchen ist eine Blume. Sie sieht schön aus. Aus dem, was in der Erde steckt, wachsen zwei Blätter. Schon im Winter, wenn noch Schnee liegt, kann man es blühen sehen. Es blüht bis in den Frühling. Das Schneeglöckchen wird bis zu 20 cm hoch und hat eine helle Blüte. Meiner Mama gefallen Schneeglöckchen. Die Blüte hat eine besondere Form und hängt nach unten. Die Pflanze ist giftig. In der Schule hängt ein Bild vom Schneeglöckchen an der Wand.

2 Schreibe einen verbesserten Sachtext auf. Ersetze die ungenauen Wörter aus dem Text mit den Stichwörtern auf den Zetteln. Lass Unwichtiges weg.

~~weiße~~ ~~ab Februar~~ ~~die Zwiebel~~ ~~bis in den April~~ ~~die Form einer Glocke~~ ~~Narzissengewächs~~

Das Schneeglöckchen ist ein Narzissengewächs.
Aus der Zwiebel wachsen zwei Blätter.
Ab Februar kann man es blühen sehen.
Es blüht bis in den April. Das Schneeglöckchen wird bis zu 20 cm hoch und hat eine weiße Blüte. Die Blüte hat die Form einer Glocke und hängt nach unten. Die Pflanze ist giftig.

Beispiel

› sinnentnehmend lesen und Informationen überprüfen
› einen informierenden Text verfassen: Beschreibung

Detektivwissen überprüfen

1 Teste dein Detektivwissen über eine **Beschreibung** und kreuze an.

	richtig	falsch
Eine Beschreibung muss so genau wie möglich sein, damit man sich das Beschriebene gut vorstellen kann.	☒	☐
Die Reihenfolge in einer Beschreibung ist nicht wichtig.	☐	☒
Eine Beschreibung wird in ganzen Sätzen formuliert.	☒	☐
Meine eigene Meinung passt immer in eine Beschreibung mit hinein.	☐	☒
In einer Beschreibung benutze ich, wenn möglich, Fachbegriffe.	☒	☐
Eine Stichwortsammlung kann mir bei der Planung meiner Beschreibung helfen.	☒	☐

2 Wen oder was kannst du gut beschreiben? Du kannst dir dafür Fotos oder Bilder ansehen.

individuelle Lösung

› eigenen Lernstand einschätzen
› Lernergebnisse präsentieren

Spurensicherung: Der 3. Hinweis!

TEAM LUPE ist immer noch bei Frau Sachs. Wie der Wind huscht Katze Mimi davon. Sie hat die Vase umgeworfen. Paul fallen die schwarzen Haare auf dem Sessel ein. Er fischt ein Katzenhaar vom Sofa und steckt es in ein Taschentuch. Frau Sachs kommt mit ihrer Brille zurück. Verwundert betrachtet sie die Zeitschrift und sagt: „Wie kommt die denn in den Park?“ Frau Sachs erzählt, dass sie neulich ihren Keller aufgeräumt hat. Dabei hat sie einige alte Zeitschriften gefunden. Frau Sachs blinzelt: „Ich habe sie dem netten Mann vom Haus nebenan geschenkt. Der baut gerade seinen Dachboden aus. Wie heißt er noch gleich? Ach, ich werde immer vergesslicher.“

? Wie heißt der Mann? Die Geheimschrift verrät es dir. Ein Tipp: b → a, c → b, d → c usw.

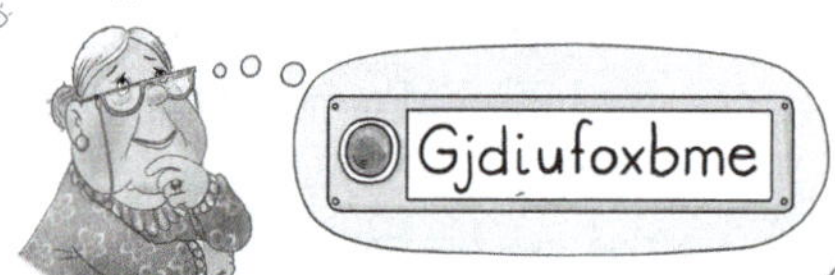

☐ Finkenwald ☒ Fichtenwald

3a Finkenwald p

3b Fichtenwald s

Argumentieren: Pro und Kontra

1 Welche Argumente sprechen für einen Unterrichtsbeginn ab 9 Uhr? Welche sprechen dagegen? Kreise die Karten mit den Pro-Stichwörtern grün und die mit den Kontra-Stichwörtern rot ein.

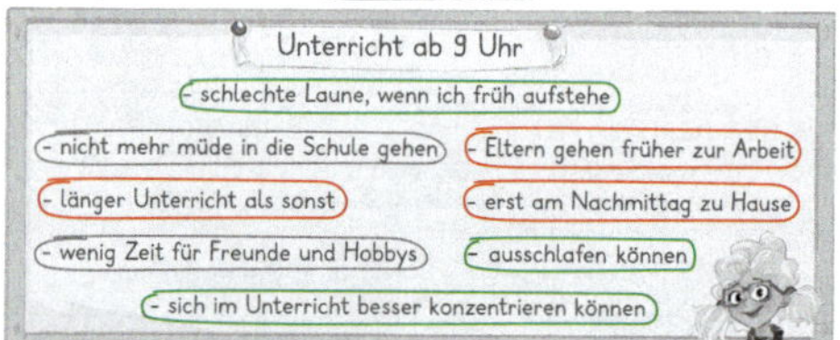

2 Was denkst du über das Thema **Unterricht ab 9 Uhr**? Ergänze die Sätze.

Diese Satzanfänge helfen dir!

Ich finde, dass

Ein Argument dafür ist,

Für mich spricht dagegen, dass

individuelle Lösung

ACHTUNG

Argumente formulieren

- Argumente werden in **pro** (dafür) und **kontra** (dagegen) unterschieden.
- Mit Argumenten kannst du deine Meinung begründen, um jemanden zu überzeugen.
- Sie sollten Tatsachen beschreiben und nachvollziehbar sein.
- Deine Gedanken und Gefühle solltest du begründen.

› funktionsgerecht schreiben: Argumente

Argumente finden und jemanden überzeugen

1 Lulu wünscht sich ein eigenes Tablet.
Ihr Vater ist dagegen. Lies seine Argumente.

2 Mit welchen Argumenten könnte Lulu ihren Vater überzeugen?
Hilf Lulu und schreibe eine Pro-Liste.

Pro: Ein eigenes Tablet besitzen

- individuelle Lösung
-
-
-

3 Gibt es für dich auch Argumente, die gegen ein eigenes Tablet sprechen? Schreibe sie auf.

individuelle Lösung

4 Notiere nun deine eigene Meinung zum Thema.

Ich finde ein eigenes Tablet _______________, weil _______

individuelle Lösung

› funktionsgerecht schreiben: Argumente

Argumentieren: Pro- und Kontra-Listen anlegen

1 Lies die Sprechblasen. Worüber diskutieren die Kinder?
Wie könnte das Thema ihres Gesprächs lauten?

Beispiel: Schuluniformen – pro und kontra

2 Ordne die Argumente der Kinder nach **Pro** (dafür) und **Kontra** (dagegen). Trage sie in die Tabelle ein. Schreibe Stichwörter.

Beispiele

Pro	Kontra
- keiner wird ausgeschlossen	- immer das Gleiche anziehen
- Pulli mit Logo der Schule	- lieber Sachen nach eigenem Geschmack tragen
- Eltern müssten weniger kaufen, sparen Geld	- kann eigene schöne Anziehsachen nicht mehr tragen

3 Wie ist deine Meinung zum Thema der Diskussion?

individuelle Lösung

› funktionsangemessen sprechen: argumentieren
› funktionsgerecht schreiben: Argumente

Eigene Pro- und Kontra-Listen anlegen

1 Wähle **ein Thema** aus.
Sammle Argumente **pro** (dafür) und **kontra** (dagegen).

Thema: ______________________

Pro	Kontra
individuelle Lösung	

› funktionsgerecht schreiben: Argumente

Eigene Pro- und Kontra-Listen anlegen

2 Wähle **noch ein Thema** aus und sammle Argumente **pro** (dafür) und **kontra** (dagegen).

Thema: ______________________

Pro	Kontra
individuelle Lösung	

3 Suche dir ein anderes Kind. Frage es nach seiner Meinung zu deinen Themen. Stelle ihm auch deine Meinung vor.

Tipp: Eine leere Pro- und Kontra-Liste für weitere Themen findest du auf Seite 59.

› funktionsgerecht schreiben: Argumente
› Argumente in einer Diskussion darlegen

TEAM LUPE ERMITTELT – Texte verfassen 3 – LÖSUNGEN

Pro- und Kontra-Listen überarbeiten

1 Lies die Pro- und Kontra-Liste zum Thema **Mehr Sportunterricht an unserer Schule – ja oder nein?** Einige Argumente sind falsch eingeordnet. Kreise sie ein.

Mehr Sportunterricht an unserer Schule – ja oder nein?

Pro	Kontra
Alle Kinder mögen Sportunterricht.	Sportunterricht ist anstrengend.
(Es können Unfälle passieren.)	Nicht jeder ist gut im Sportunterricht.
(Bei Wettbewerben gewinnt man eh nichts.)	(Beim Sport lernt man im Team zu spielen.)
Bewegung macht Spaß.	Andere Fächer könnten zu kurz kommen.
Sport tut dem Körper gut.	(Ich will gern besser werden. Dafür muss ich trainieren.)

Tipp: 4 Argumente sind falsch eingeordnet.

2 Welche Argumente findest du besonders überzeugend? Markiere sie.

3 Ergänze die Liste mit eigenen weiteren Argumenten.

4 Entscheide dich für eine Seite und begründe deine Meinung.

Ich bin (für / gegen) mehr Sportunterricht an der Schule, weil

individuelle Lösung

Was ist deine Meinung?

1 Ergänze die Sätze. individuelle Lösungen

Ich finde ein eigenes Haustier ________, weil ________

Ich finde Noten ________, weil ________

Ich finde Umweltschutz ________, weil ________

Ich finde die Schule ________, weil ________

2 Welches Thema findest du noch wichtig?

Ich finde ________, weil

individuelle Lösung

3 Suche dir ein anderes Kind. Frage es nach seiner Meinung zu diesen vier Themen. Stelle ihm auch deine Meinungen vor.

Detektivwissen überprüfen

1 Teste dein Detektivwissen über **Pro- und Kontra-Listen** und kreuze an.

	richtig	falsch
Meine Argumente unterscheide ich in Pro (dafür) und Kontra (dagegen).	X	
Meine Meinung, Gedanken und Gefühle sollte ich immer begründen können, um andere zu überzeugen.	X	
Ich kann mir Pro- und Kontra-Argumente zu einem Thema ausdenken.		X
In einer Diskussion erfahre ich auch, was andere Menschen über ein Thema denken.	X	
Eine Liste hilft mir beim Führen einer Diskussion.	X	
Beim Diskutieren muss ich nicht zuhören, was der andere sagt.		X

2 Du hast viel über das Argumentieren gelernt. Was kannst du schon gut ☺, was fällt dir noch schwer ☹?

individuelle Lösung

Spurensicherung: Der 4. Hinweis!

Jetzt fällt Frau Sachs der Name des netten Nachbarn ein: Fichtenwald.
Die Detektive glauben ihr und freuen sich über die neue heiße Spur.
Sie klingeln bei Herrn Fichtenwald.
Er trägt einen blauen Overall.
„Miau!", macht Katze Mimi. Sie mag den Nachbarn und flitzt in sein Haus hinein.
Paul lächelt: „Nur eine kurze Frage: Haben Sie in den letzten Tagen Sperrmüll weggebracht?"
Herr Fichtenwald nickt: „Ja, ein paar alte Sachen. Ich habe sie zum Wertstoffhof gefahren."
Elsa wirft rasch einen Blick in den Flur.
An der Wand hängen zwei Fotos.
„Das gibt's doch nicht!", murmelt Elsa.

? Auf welchem Foto entdeckt Elsa Gegenstände vom Müll im Park?

[X] auf dem linken Foto (4a, s)
[ ] auf dem rechten Foto (4b, i)

Eine Gruselgeschichte planen

1 Lies die 3 Geschichtenanfänge.
Welcher Anfang gehört zu welchem Bild? Nummeriere.

2 Sia und Mirko waren auf dem Jahrmarkt. Dann fuhren sie in einem Wagen der Geisterbahn auf das große Maul eines Gespenstes zu …

3 In den Sommerferien wanderten Lilly und Tim mit ihren Eltern zur Edelweißhütte. Die Sonne schien, als sie losgingen. Gegen Mittag kamen sie am Gipfel an. Plötzlich schlug das Wetter um und ein heftiges Gewitter zog herauf …

1 Ercan lag in seinem neuen Zelt auf dem Campingplatz am Mondsee. Lange hatte er sich darauf gefreut, mit seinen Eltern dort zu zelten. Auf einmal bekam er doch ein bisschen Angst. Dort hinten war jemand mit einer Taschenlampe …

2 Entscheide, welche Geschichte du weiterschreiben möchtest. Ergänze die Ideenkarte dazu. Welche Personen kommen in deiner Geschichte vor?

individuelle Lösungen

Gruselgeschichte

Hauptfigur:	Ort:	Weitere Personen:
Was sieht sie?	Wie sieht es dort aus?	
Was hört sie?	Was hört man dort?	
Was fühlt sie?		

Eine Gruselgeschichte planen und schreiben

Mit einer **Gruselgeschichte** möchte ich bei anderen ein gruseliges Gefühl auslösen.
Ich beschreibe genau:
- Was erlebt die Hauptfigur?
- Was sieht und hört sie?
- Was denkt und fühlt sie?
- Wen oder was trifft sie?
- Was ist das Besondere an dem Handlungsort?

3 Wie könnte deine Geschichte weitergehen? Kreuze an.

Diese 3 Bilder geben dir Hinweise, wohin deine Geschichte führen könnte.

individuelle Lösung

4 Schreibe deine Geschichte weiter.
Beschreibe genau, was die Personen erleben und fühlen.

individuelle Lösung

Schreibe im Präteritum.

Tipp: Denke an das Ende deiner Geschichte. Du kannst dabei den Grund für das gruselige Ereignis erklären.

Eine Gruselgeschichte planen

1 Wo ist TEAM LUPE?
Schreibe.

Beispiel: Auf dem Dachboden

2 Was erleben die Kinder? Nutze den Geschichtenpfad für deine Gruselgeschichte.Schreibe Wörter oder Sätze zum Bild auf die Klebezettel.

Dein Geschichtenpfad

individuelle Lösungen

3 Bringe deine Notizen in eine sinnvolle Reihenfolge.
Nummeriere die Zettel. individuelle Lösung

Eine Gruselgeschichte schreiben

4 Schreibe deine Gruselgeschichte auf.

Denke daran, im Präteritum zu schreiben.

individuelle Lösung

5 Überlege dir zu deiner Geschichte eine gute Überschrift, die Lust macht, die Geschichte zu lesen.

TEAM LUPE ERMITTELT – Texte verfassen 3 – LÖSUNGEN

Erzählende Texte verfassen – Gruselgeschichte

Eine Gruselgeschichte überarbeiten

Im Sommer bekam ich ein Fahrrad. Eines Abends fuhr ich eine Straße am Feld entlang. Es wurde schon dunkel. Ich wollte nach Hause. Plötzlich hörte ich einen Knall, dann ein Zischen. Ich bemerkte, dass mein Vorderreifen Luft verlor. Die Glasscherben hatte ich nicht gesehen. Es wurde immer dunkler ...

1 Lies den Anfang von Lulus Gruselgeschichte. Was fällt dir auf?

Beispiel: Lulus Geschichte ist wie ein Bericht, sie klingt eher langweilig und ist nicht gruselig.

2 Lulu hat Wörter unterstrichen, die sie genauer beschreiben könnte. Sammle dafür passende Adjektive.

Was könnte meine Geschichte gruseliger machen?

Beispiele:
Fahrrad: nagelneues,
Straße: lang, einsam,
Knall: laut, ohrenbetäubend,
Glasscherben: spitz, viele.

3 Überarbeite den Anfang von Lulus Geschichte und mache sie gruseliger. Nutze dabei deine Adjektive aus Aufgabe 2.

Beispiel: Im Sommer bekam ich ein nagelneues Fahrrad. Eines Abends fuhr ich eine einsame Straße am Feld entlang. Es wurde schon dunkel. Ich wollte schnell nach Hause. Plötzlich hörte ich einen lauten Knall, dann ein Zischen. Mein Vorderreifen verlor Luft. Die vielen spitzen Glasscherben ...

› Merkmale von Adjektiven kennen
› grundlegende sprachliche Begriffe kennen: Adjektive
› nach Anregung eigene Texte schreiben: Gruselgeschichte

Erzählende Texte verfassen – Gruselgeschichte

Eine Gruselgeschichte schreiben und überarbeiten

4 Schreibe Lulus Gruselgeschichte weiter.

individuelle Lösung

5 Überlege dir eine Überschrift, die Lust macht, die Geschichte zu lesen.

6 Kontrolliere deine Gruselgeschichte mithilfe der Checkliste. Hast du alle Tipps beachtet? Kreuze ☺ oder ☹ an.

Checkliste individuelle Lösungen

- Ich habe beschrieben, was die Hauptfigur erlebt. ☺ ☹
- Ich habe beschrieben, was sie sieht und hört. ☺ ☹
- Man erfährt, was die Hauptfigur denkt und fühlt. ☺ ☹
- Das Besondere an dem Handlungsort kann man sich durch meine Beschreibung gut vorstellen. ☺ ☹
- Es wird deutlich, wen oder was die Hauptfigur trifft. ☺ ☹
- Ich hatte eine gute Idee, um die Spannung wieder aufzulösen. ☺ ☹
- Ich habe eine gute Überschrift gefunden. ☺ ☹

Tipp: Schreibe deine ganze Geschichte noch einmal schön auf S. 60 auf.

› nach Anregung eigene Texte schreiben: Gruselgeschichte
› Text an der Schreibaufgabe überprüfen
› Texte sprachlich optimieren

Detektivwissen überprüfen

1 Teste dein Detektivwissen über eine **Gruselgeschichte** und kreuze an.

	richtig	falsch
In einer Gruselgeschichte wird von etwas Gruseligem oder Aufregendem berichtet.	☒	☐
Die Überschrift der Gruselgeschichte macht neugierig und sollte verraten, wie die Geschichte endet.	☐	☒
In der Gruselgeschichte wird beschrieben, was die Hauptfigur erlebt, sieht und hört.	☒	☐
Die Geschichte spielt an keinem besonders gruseligen Ort.	☐	☒
In einer Gruselgeschichte erfährt der Leser, was die Hauptfigur denkt oder fühlt.	☒	☐
Nach dem gruseligsten Teil wird die Spannung aufgelöst und die Geschichte endet.	☐	☒

2 Zu welchem gruseligen Wesen oder Ort möchtest du eine Gruselgeschichte schreiben? Zeichne oder schreibe.

Mein Gruselwesen	Mein Gruselort
individuelle Lösung	individuelle Lösung

› eigenen Lernstand einschätzen
› Lernergebnisse präsentieren

Spurensicherung: Der 5. Hinweis!

Elsa sieht Herrn Fichtenwald scharf an. Mutig sagt sie: „Aber den Sessel und den alten Fernseher haben Sie nicht zum Wertstoffhof gefahren!" „Stimmt", Herr Fichtenwald lächelt. „Das hat meine Schwester erledigt. Sie ist so hilfsbereit, obwohl sie mit drei Kindern viel zu tun hat. Ihr könnt sie fragen. Sie wohnt gleich nebenan." Wieder muss TEAM LUPE ein Haus weiter.
Sie klingeln bei Familie Krones, Frau Krones öffnet die Tür.
Lulu spricht sie auf den Sperrmüll an. „Ja, ja", sagt Frau Krones und wirkt sehr nervös. „Am Wochenende war ich beim Wertstoffhof. Tschüss!" Und schon ist die Tür zu.
Hinter den Detektiven kichern drei Mädchen. „Was erzählt Mama da?", sagt ein Mädchen. „Wir waren am Wochenende doch gar nicht hier." Umut hakt nach: „Und wo wart ihr dann?"

? Immer zwei Berge und zwei Seen sehen genau gleich aus. Verbinde sie. Was bleibt übrig?

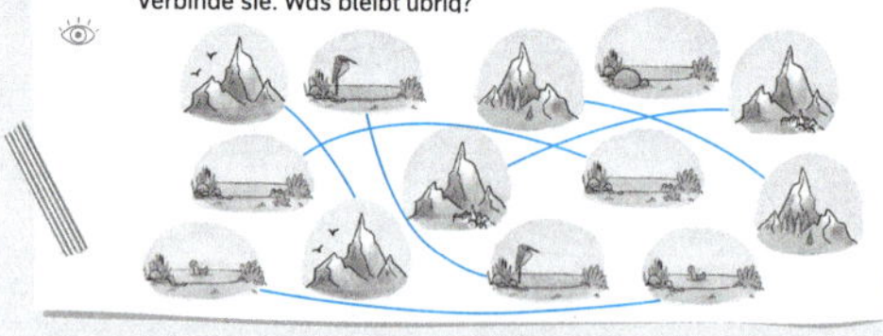

☒ See 5a  e

☐ Berge 5b 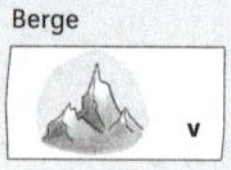 v

TEAM LUPE ERMITTELT – Texte verfassen 3 – LÖSUNGEN

Argumente formulieren

1 Was spricht **gegen die Schließung** des Freibads? Lege eine Liste mit Argumenten an. Schreibe ganze Sätze.

Diese Satzanfänge können dir helfen, deine eigene Meinung auszudrücken.

Ich finde ..., weil ...
Meiner Meinung nach ...
Ich meine, dass ...

individuelle Lösung

ACHTUNG

Merkmale von höflichen Briefen

- Ort und Datum: Neustadt, 26. Mai 2022
- höfliche Anrede: Sehr geehrte Frau ..., Sehr geehrter Herr ...,
- Anredepronomen: **Sie, Ihren, Ihr, Ihre, Ihnen**
- **abschließende Grußformel:** Mit freundlichen Grüßen

› funktionsgerecht schreiben: Argumente

Einen höflichen Brief planen

1 TEAM LUPE beschließt, der Landrätin Frau Russo einen höflichen Brief zu schreiben. Sie möchten ihr ihre Argumente für die Erhaltung des Freibades mitteilen. Kreise Beispiele für eine höfliche Anrede rot ein. Unterstreiche Beispiele für das Ende eines höflichen Briefes blau.

Hallo Frau Landrätin ...	Tschüss ...
Ganz liebe Grüße von Ihren Fans!	(Guten Tag, liebe Frau Russo ...)
(Liebe Frau Landrätin Russo, ...)	Liebe Grüße von uns ...
<u>Wir freuen uns auf Ihre Antwort.</u>	Hey Frau Landrätin, ...
(Sehr geehrte Frau Landrätin Russo, ...)	<u>Mit freundlichen Grüßen, Ihr ...</u>
<u>Hoffentlich schreiben Sie uns zurück.</u>	

2 Was musst du beim Schreiben eines höflichen Briefes beachten? Kreuze an.

	👍	👎
In höflichen Briefen beginne ich mit dem Ort und dem Datum oben rechts.	X	
Ich spreche den Leser mit einer höflichen Anrede direkt an.	X	
Ich wähle nur klein geschriebene Anredepronomen im höflichen Brief.		X
Ich schreibe den Brief in ganzen Sätzen.	X	
Meine Argumente formuliere ich klar, damit der Leser erkennt, ob ich für oder gegen etwas bin.	X	
Mein Brief endet ohne Grußformel.		X
Am Ende unterschreibe ich den Brief mit meinem Namen.	X	

› strukturiert und adressatengerecht schreiben: formeller Brief
› Text an der Schreibaufgabe überprüfen

Einen höflichen Brief schreiben

1 Lies den Brief.

2 Unterstreiche die Teile des höflichen Briefs farbig:
Ort, Datum
Anrede
Grußworte
Anredewörter
Unterschrift

<u>Neustadt, 26. Mai 2022</u>

<u>Sehr geehrte Frau Landrätin Russo,</u>

wir, die Klasse 3A der Grundschule Neustadt, schreiben <u>Ihnen</u>, da wir sehr traurig über die geplante Schließung des Freibads sind. In der Zeitung stand, dass <u>Sie</u> und die anderen Politikerinnen und Politiker dies beschlossen haben, weil alles zu teuer wird. Die Klassen unserer Schule <u>gehen jede Woche im Freibad schwimmen</u> und <u>lernen dort, sich im Wasser besser zu bewegen.</u> Manche Kinder <u>haben so schwimmen gelernt.</u> Wir finden, das ist auf jeden Fall ein Grund, das Freibad offen zu halten. Doch nun soll das Bad schließen! Bitte helfen <u>Sie</u> uns und denken über <u>Ihre</u> Entscheidung noch einmal nach!

<u>Mit freundlichen Grüßen,</u>

<u>Ihre Klasse 3A</u>

3 Unterstreiche im Brief die Argumente der Kinder grau, die gegen die Schließung des Freibades sprechen.

4 Haben die Kinder alle wichtigen Argumente genannt? Fehlt dir noch etwas?

individuelle Lösung

5 Was findest du nicht so wichtig?

individuelle Lösung

› sprachliche Mittel und Ideen sammeln
› strukturiert und adressatengerecht schreiben: formeller Brief

Einen höflichen Brief schreiben

1 Die Lupe-Kinder wünschen sich ein Zirkus-Projekt an ihrer Schule. Lege eine Liste mit Argumenten an, die die Kinder in einem Brief an die Schulleitung nutzen können.

Beispiele
- von Profi-Artisten Kunststücke lernen
- gern mal als Clown verkleiden
- jonglieren lernen
- Zauberkunststücke vorführen

2 Schreibe einen höflichen Brief an die Schulleiterin Frau Schulze.

individuelle Lösung

› funktionsgerecht schreiben: Argumente
› strukturiert und adressatengerecht schreiben: formeller Brief

Einen höflichen Brief überarbeiten

1 Lies Fridas Brief an den Kioskbesitzer.

Hallo Herr Gerstner,
~~ich mag dich gerne!~~ Ich kaufe immer morgens bei dir im Schulkiosk ein. Mir schmecken die Schoko-Muffins gut, obwohl sie nicht so gesund sind. In meiner Klasse habe ich als Klassensprecherin eine Umfrage gemacht. Die Kinder haben ihre Wünsche für den Schulkiosk aufgeschrieben. Sie wünschen sich ein gesundes Frühstück, zum Beispiel Vollkornbrot mit Käse oder vegetarischem Aufschnitt. Die meisten mögen auch Obst. Sie essen Äpfel und Bananen. Es wäre toll, wenn du so etwas auch verkaufen könntest.
~~Ich komme morgen wieder bei dir vorbei,~~
deine Frida Peters aus der Klasse 3b

2 Kontrolliere den höflichen Brief mit der Checkliste. Hat Frida alle Tipps beachtet? Kreuze ☺ oder ☹ an.

Checkliste

	☺	☹
Frida hat an den Ort und das Datum rechts oben gedacht.		X
Sie hat eine Anrede gewählt.	X	
Sie hat Beispiele für ein gesundes Frühstück aufgeschrieben.	X	
Sie hat höfliche Anredepronomen benutzt und groß geschrieben.		X
Frida hat einen Abschiedsgruß formuliert.		X
Sie hat den Brief mit ihrem Namen und ihrer Klasse unterschrieben.	X	

3 Streiche die Sätze im Brief durch, die **nicht** in einen höflichen Brief gehören.

4 Schreibe Fridas Brief überarbeitet auf Seite 61 auf.

Einen höflichen Brief überarbeiten

1 Pauls Schwester Martha hat einen Brief an Herrn Isak, den Schulleiter, geschrieben. Lies.

Neustadt
Hallo,
ich wende mich mit einem wichtigen Anliegen an dich. In unserer Schule fehlt eine Schulbücherei. Viele Kinder würden bestimmt mehr lesen, wenn sie in der Schule Bücher ausleihen könnten. Ist doch wahr, oder? Man könnte die Bücherei auch zum Suchen nach Informationen für den Unterricht nutzen. Du hast übrigens ein echt schickes Auto! Martha

2 Unterstreiche, was Martha in diesem Brief noch verbessern muss.

3 Schreibe den Brief an den Schulleiter überarbeitet auf.

individuelle Lösung

Detektivwissen überprüfen

1 Teste dein Detektivwissen über einen **höflichen Brief** und kreuze an.

	richtig	falsch
In einem höflichen Brief spreche ich den Empfänger mit „Sie" und „Ihnen" an.	X	
Ich begründe meine Meinung mit Argumenten, um den Empfänger zu überzeugen.	X	
Ich muss immer eine Frage im Brief stellen.		X
Den Brief beende ich nur mit meiner Unterschrift.		X
Das Datum und den Ort schreibe ich oben rechts in den Brief.	X	
Höfliche Anredepronomen schreibe ich groß.	X	

2 Überlege, was du gern verändern würdest und an wen du deshalb einen höflichen Brief schreiben könntest.

Brief an: individuelle Lösung

Das möchte ich gern verändern:

individuelle Lösung

Spurensicherung: Der 6. Hinweis!

Die drei Mädchen rennen kichernd davon.
Umut runzelt die Stirn. „Frau Krones hat uns angelogen.
Sie war am Wochende am See und nicht beim Wertstoffhof.
Wir sollten noch mal mit ihr reden."
Lulu hat einen anderen Vorschlag.
Die Lupe-Kinder verstecken sich hinter einer Mauer und warten.
Nach zehn Minuten kommt Frau Krones aus dem Haus.
Sie ruft ihren Kindern zu: „Seid nett zu Tante Eva!"
Dann klinkt sie einen leeren Anhänger an ihr Fahrrad
und fährt davon. „Los, hinterher!", zischt Paul und eilt voraus.
Lulu, Umut und Elsa folgen ihm mit ihren Rädern.
Bald holen sie Frau Krones ein und verfolgen sie,
ohne dass sie es merkt.

? Wohin fährt Frau Krones? Sie wählt den linken Weg.

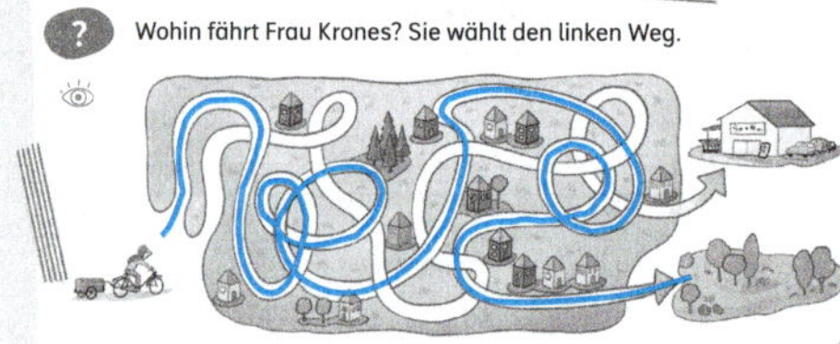

- [ ] Supermarkt (6a)
- [x] Park (6b)

Mein Stickerbogen

Illustrationen: Michael Stapper

SO GEHT ES: TEIL 2

Bearbeite so alle 6 Kapitel im Heft.
Am Ende hast du dann 6 Hinweis-Sticker in der Fallakte gesammelt.

3 Die Fallakte

Auf dieser Seite sammelst du die 6 richtigen Hinweis-Sticker.

Auf jedem Sticker findest du einen Buchstaben.
Die Buchstaben ergeben das Passwort.
Trage jeden Buchstaben in das passende Kästchen ein.

Hinweis 1 = Buchstabe 1 → [ ] 1

Außerdem kannst du in der Fallakte das Ende des Falls lesen.

FALL GELÖST!

Brauchst du dabei Hilfe? Frage einen Erwachsenen.

4 Gehe im Internet auf diese Seite:

www.team-lupe-ermittelt.de/muell

Gib nun das Passwort ein.

Hast du das richtige Passwort eingegeben?
Dann wartet eine kleine Überraschung auf dich.

Illustrationen: Michael Stapper

Argumentieren: Pro- und Kontra-Listen anlegen

1 Lies die Sprechblasen. Worüber diskutieren die Kinder? Wie könnte das Thema ihres Gesprächs lauten?

____

2 Ordne die Argumente der Kinder nach **Pro** (dafür) und **Kontra** (dagegen). Trage sie in die Tabelle ein. Schreibe Stichwörter.

Pro	Kontra
- keiner wird ausgeschlossen	- immer das Gleiche anziehen

3 Wie ist deine Meinung zum Thema der Diskussion?

____

____

› funktionsangemessen sprechen: argumentieren
› funktionsgerecht schreiben: Argumente

Eigene Pro- und Kontra-Listen anlegen

1 Wähle **ein Thema** aus.
Sammle Argumente **pro** (dafür) und **kontra** (dagegen).

Thema: ______________________	
Pro	Kontra

Eigene Pro- und Kontra-Listen anlegen

2 Wähle **noch ein Thema** aus und sammle Argumente **pro** (dafür) und **kontra** (dagegen).

Thema: ____________________	
Pro	Kontra

3 Suche dir ein anderes Kind. Frage es nach seiner Meinung zu deinen Themen. Stelle ihm auch deine Meinung vor.

Tipp: Eine leere Pro- und Kontra-Liste für weitere Themen findest du auf Seite 59.

Pro- und Kontra-Listen überarbeiten

1 Lies die Pro- und Kontra-Liste zum Thema **Mehr Sportunterricht an unserer Schule – ja oder nein?** Einige Argumente sind falsch eingeordnet. Kreise sie ein.

Mehr Sportunterricht an unserer Schule – ja oder nein?

Pro	Kontra
Alle Kinder mögen Sportunterricht.	Sportunterricht ist anstrengend.
Es können Unfälle passieren.	Nicht jeder ist gut im Sportunterricht.
Bei Wettbewerben gewinnt man eh nichts.	Beim Sport lernt man im Team zu spielen.
Bewegung macht Spaß.	Andere Fächer könnten zu kurz kommen.
Sport tut dem Körper gut.	Ich will gern besser werden. Dafür muss ich trainieren.

2 Welche Argumente findest du besonders überzeugend? Markiere sie.

3 Ergänze die Liste mit eigenen weiteren Argumenten.

Tipp: 4 Argumente sind falsch eingeordnet.

4 Entscheide dich für eine Seite und begründe deine Meinung.

für / gegen

Ich bin ______ mehr Sportunterricht an der Schule, weil ______

______

______

› funktionsangemessen schreiben: Argumente

Was ist deine Meinung?

1 Ergänze die Sätze.

Ich finde ein eigenes Haustier ____, weil ____

Ich finde Noten ____, weil ____

Ich finde Umweltschutz ____, weil ____

Ich finde die Schule ____, weil ____

2 Welches Thema findest du noch wichtig?

Ich finde ____, weil

3 Suche dir ein anderes Kind. Frage es nach seiner Meinung zu diesen vier Themen. Stelle ihm auch deine Meinungen vor.

› funktionsgerecht schreiben: Argumente
› Argumente in einer Diskussion darlegen

Detektivwissen überprüfen

1 Teste dein Detektivwissen über **Pro- und Kontra-Listen** und kreuze an.

	richtig	falsch
Meine Argumente unterscheide ich in Pro (dafür) und Kontra (dagegen).	☐	☐
Meine Meinung, Gedanken und Gefühle sollte ich immer begründen können, um andere zu überzeugen.	☐	☐
Ich kann mir Pro- und Kontra-Argumente zu einem Thema ausdenken.	☐	☐
In einer Diskussion erfahre ich auch, was andere Menschen über ein Thema denken.	☐	☐
Eine Liste hilft mir beim Führen einer Diskussion.	☐	☐
Beim Diskutieren muss ich nicht zuhören, was der andere sagt.	☐	☐

2 Du hast viel über das Argumentieren gelernt. Was kannst du schon gut 🙂, was fällt dir noch schwer 🙁?

🙂 ____

____

🙁 ____

____

Spurensicherung: Der 4. Hinweis!

Jetzt fällt Frau Sachs der Name des netten Nachbarn ein: Fichtenwald.
Die Detektive glauben ihr und freuen sich über die neue heiße Spur.
Sie klingeln bei Herrn Fichtenwald.
Er trägt einen blauen Overall.
„Miau!“, macht Katze Mimi. Sie mag den Nachbarn
und flitzt in sein Haus hinein.
Paul lächelt: „Nur eine kurze Frage: Haben Sie
in den letzten Tagen Sperrmüll weggebracht?“
Herr Fichtenwald nickt: „Ja, ein paar alte Sachen.
Ich habe sie zum Wertstoffhof gefahren.“
Elsa wirft rasch einen Blick in den Flur.
An der Wand hängen zwei Fotos.
„Das gibt’s doch nicht!“, murmelt Elsa.

? Auf welchem Foto entdeckt Elsa Gegenstände vom Müll im Park?

☐ auf dem linken Foto

4a  s

☐ auf dem rechten Foto

4b  i

Eine Gruselgeschichte planen

1 Lies die 3 Geschichtenanfänge.
Welcher Anfang gehört zu welchem Bild? Nummeriere.

◯ Sia und Mirko waren auf dem Jahrmarkt. Dann fuhren sie in einem Wagen der Geisterbahn auf das große Maul eines Gespenstes zu ...

◯ In den Sommerferien wanderten Lilly und Tim mit ihren Eltern zur Edelweißhütte. Die Sonne schien, als sie losgingen. Gegen Mittag kamen sie am Gipfel an. Plötzlich schlug das Wetter um und ein heftiges Gewitter zog herauf ...

◯ Ercan lag in seinem neuen Zelt auf dem Campingplatz am Mondsee. Lange hatte er sich darauf gefreut, mit seinen Eltern dort zu zelten. Auf einmal bekam er doch ein bisschen Angst. Dort hinten war jemand mit einer Taschenlampe ...

2 Entscheide, welche Geschichte du weiterschreiben möchtest. Ergänze die Ideenkarte dazu. Welche Personen kommen in deiner Geschichte vor?

Gruselgeschichte

Hauptfigur: ______________________

Was sieht sie?

Was hört sie?

Was fühlt sie?

Ort: ______________________

Wie sieht es dort aus?

Was hört man dort?

Weitere Personen:
____
____
____
____

Eine Gruselgeschichte planen und schreiben

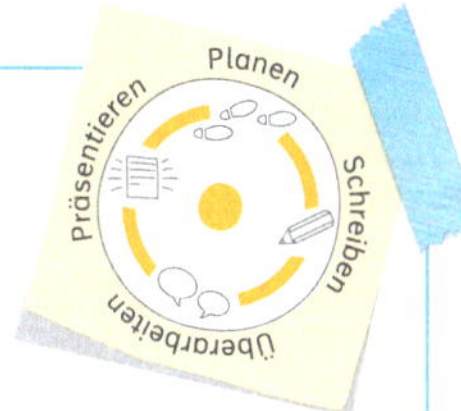

Mit einer **Gruselgeschichte** möchte ich bei anderen ein gruseliges Gefühl auslösen.

Ich beschreibe genau:

- Was erlebt die Hauptfigur?
- Was sieht und hört sie?
- Was denkt und fühlt sie?
- Wen oder was trifft sie?
- Was ist das Besondere an dem Handlungsort?

3 Wie könnte deine Geschichte weitergehen? Kreuze an.

Diese 3 Bilder geben dir Hinweise, wohin deine Geschichte führen könnte.

☐

☐

☐

4 Schreibe deine Geschichte weiter.
Beschreibe genau, was die Personen erleben und fühlen.

Schreibe im Präteritum.

Tipp: Denke an das Ende deiner Geschichte. Du kannst dabei den Grund für das gruselige Ereignis erklären.

› sprachliche Mittel und Ideen sammeln
› nach Anregung eigene Texte schreiben: Gruselgeschichte

Eine Gruselgeschichte planen

1 Wo ist TEAM LUPE? Schreibe.

____

2 Was erleben die Kinder? Nutze den Geschichtenpfad für deine Gruselgeschichte.Schreibe Wörter oder Sätze zum Bild auf die Klebezettel.

Dein Geschichtenpfad

○ ______________________________

○ ______________________________

○ ______________________________

○ ______________________________

○ ______________________________

○ ______________________________

3 Bringe deine Notizen in eine sinnvolle Reihenfolge. Nummeriere die Zettel.

› sprachliche Mittel und Ideen sammeln
› Lernergebnisse geordnet festhalten

Eine Gruselgeschichte schreiben

4 Schreibe deine Gruselgeschichte auf.

5 Überlege dir zu deiner Geschichte eine gute Überschrift, die Lust macht, die Geschichte zu lesen.

› nach Anregung eigene Texte schreiben: Gruselgeschichte

Eine Gruselgeschichte überarbeiten

Im Sommer bekam ich ein Fahrrad. Eines Abends fuhr ich eine Straße am Feld entlang. Es wurde schon dunkel. Ich wollte nach Hause. Plötzlich hörte ich einen Knall, dann ein Zischen. Ich bemerkte, dass mein Vorderreifen Luft verlor. Die Glasscherben hatte ich nicht gesehen. Es wurde immer dunkler ...

1 Lies den Anfang von Lulus Gruselgeschichte. Was fällt dir auf?

2 Lulu hat Wörter unterstrichen, die sie genauer beschreiben könnte. Sammle dafür passende Adjektive.

Fahrrad: nagelneues,

3 Überarbeite den Anfang von Lulus Geschichte und mache sie gruseliger. Nutze dabei deine Adjektive aus Aufgabe 2.

› Merkmale von Adjektiven kennen
› grundlegende sprachliche Begriffe kennen: Adjektive
› nach Anregung eigene Texte schreiben: Gruselgeschichte

Eine Gruselgeschichte schreiben und überarbeiten

4 Schreibe Lulus Gruselgeschichte weiter.

5 Überlege dir eine Überschrift, die Lust macht, die Geschichte zu lesen.

6 Kontrolliere deine Gruselgeschichte mithilfe der Checkliste.
Hast du alle Tipps beachtet? Kreuze ☺ oder ☹ an.

Checkliste

• Ich habe beschrieben, was die Hauptfigur erlebt.	☺	☹
• Ich habe beschrieben, was sie sieht und hört.	☺	☹
• Man erfährt, was die Hauptfigur denkt und fühlt.	☺	☹
• Das Besondere an dem Handlungsort kann man sich durch meine Beschreibung gut vorstellen.	☺	☹
• Es wird deutlich, wen oder was die Hauptfigur trifft.	☺	☹
• Ich hatte eine gute Idee, um die Spannung wieder aufzulösen.	☺	☹
• Ich habe eine gute Überschrift gefunden.	☺	☹

Tipp: Schreibe deine ganze Geschichte noch einmal schön auf S. 60 auf.

› nach Anregung eigene Texte schreiben: Gruselgeschichte
› Text an der Schreibaufgabe überprüfen
› Texte sprachlich optimieren

Detektivwissen überprüfen

1 Teste dein Detektivwissen über eine **Gruselgeschichte** und kreuze an.

	richtig	falsch
In einer Gruselgeschichte wird von etwas Gruseligem oder Aufregendem berichtet.	☐	☐
Die Überschrift der Gruselgeschichte macht neugierig und sollte verraten, wie die Geschichte endet.	☐	☐
In der Gruselgeschichte wird beschrieben, was die Hauptfigur erlebt, sieht und hört.	☐	☐
Die Geschichte spielt an keinem besonders gruseligen Ort.	☐	☐
In einer Gruselgeschichte erfährt der Leser, was die Hauptfigur denkt oder fühlt.	☐	☐
Nach dem gruseligsten Teil wird die Spannung aufgelöst und die Geschichte endet.	☐	☐

2 Zu welchem gruseligen Wesen oder Ort möchtest du eine Gruselgeschichte schreiben? Zeichne oder schreibe.

Mein Gruselwesen

Mein Gruselort

Spurensicherung: Der 5. Hinweis!

Elsa sieht Herrn Fichtenwald scharf an. Mutig sagt sie: „Aber den Sessel und den alten Fernseher haben Sie nicht zum Wertstoffhof gefahren!“ „Stimmt“, Herr Fichtenwald lächelt. „Das hat meine Schwester erledigt. Sie ist so hilfsbereit, obwohl sie mit drei Kindern viel zu tun hat. Ihr könnt sie fragen. Sie wohnt gleich nebenan.“ Wieder muss TEAM LUPE ein Haus weiter.
Sie klingeln bei Familie Krones, Frau Krones öffnet die Tür.
Lulu spricht sie auf den Sperrmüll an. „Ja, ja“, sagt Frau Krones und wirkt sehr nervös. „Am Wochenende war ich beim Wertstoffhof. Tschüss!“ Und schon ist die Tür zu.
Hinter den Detektiven kichern drei Mädchen. „Was erzählt Mama da?“, sagt ein Mädchen. „Wir waren am Wochenende doch gar nicht hier.“
Umut hakt nach: „Und wo wart ihr dann?“

? Immer zwei Berge und zwei Seen sehen genau gleich aus. Verbinde sie. Was bleibt übrig?

☐ See

5a

e

☐ Berge

5b

v

Argumente formulieren

Diese Satzanfänge können dir helfen, deine eigene Meinung auszudrücken.

1 Was spricht **gegen die Schließung** des Freibads?
Lege eine Liste mit Argumenten an. Schreibe ganze Sätze.

Ich finde …, weil …
Meiner Meinung nach …
Ich meine, dass …

ACHTUNG ACHTUNG

Merkmale von höflichen Briefen

- Ort und Datum: Neustadt, 26. Mai 2022
- höfliche Anrede: Sehr geehrte Frau …,
  Sehr geehrter Herr …,
- Anredepronomen: **S**ie, **I**hren, **I**hr, **I**hre, **I**hnen
- abschließende Grußformel: Mit freundlichen Grüßen

Planen, Schreiben, Überarbeiten, Präsentieren

Einen höflichen Brief planen

1 TEAM LUPE beschließt, der Landrätin Frau Russo einen höflichen Brief zu schreiben. Sie möchten ihr ihre Argumente für die Erhaltung des Freibades mitteilen. Kreise Beispiele für eine höfliche Anrede rot ein. Unterstreiche Beispiele für das Ende eines höflichen Briefes blau.

Hallo Frau Landrätin …	Tschüss …
Ganz liebe Grüße von Ihren Fans!	Guten Tag, liebe Frau Russo …
Liebe Frau Landrätin Russo, …	Liebe Grüße von uns …
Wir freuen uns auf Ihre Antwort.	Hey Frau Landrätin, …
Sehr geehrte Frau Landrätin Russo, …	Mit freundlichen Grüßen, Ihr …
Hoffentlich schreiben Sie uns zurück.	

2 Was musst du beim Schreiben eines höflichen Briefes beachten? Kreuze an.

In höflichen Briefen beginne ich mit dem Ort und dem Datum oben rechts.	☐	☐
Ich spreche den Leser mit einer höflichen Anrede direkt an.	☐	☐
Ich wähle nur klein geschriebene Anredepronomen im höflichen Brief.	☐	☐
Ich schreibe den Brief in ganzen Sätzen.	☐	☐
Meine Argumente formuliere ich klar, damit der Leser erkennt, ob ich für oder gegen etwas bin.	☐	☐
Mein Brief endet ohne Grußformel.	☐	☐
Am Ende unterschreibe ich den Brief mit meinem Namen.	☐	☐

› strukturiert und adressatengerecht schreiben: formeller Brief
› Text an der Schreibaufgabe überprüfen

Einen höflichen Brief schreiben

Neustadt, 26. Mai 2022

Sehr geehrte Frau Landrätin Russo,
wir, die Klasse 3A der Grundschule Neustadt, schreiben Ihnen, da wir sehr traurig über die geplante Schließung des Freibads sind. In der Zeitung stand, dass Sie und die anderen Politikerinnen und Politiker dies beschlossen haben, weil alles zu teuer wird. Die Klassen unserer Schule gehen jede Woche im Freibad schwimmen und lernen dort, sich im Wasser besser zu bewegen. Manche Kinder haben so schwimmen gelernt. Wir finden, das ist auf jeden Fall ein Grund, das Freibad offen zu halten. Doch nun soll das Bad schließen! Bitte helfen Sie uns und denken über Ihre Entscheidung noch einmal nach!
Mit freundlichen Grüßen,
Ihre Klasse 3A

1 Lies den Brief.

2 Unterstreiche die Teile des höflichen Briefs farbig:
Ort, Datum
Anrede
Grußworte
Anredewörter
Unterschrift

3 Unterstreiche im Brief die Argumente der Kinder grau, die gegen die Schließung des Freibades sprechen.

4 Haben die Kinder alle wichtigen Argumente genannt? Fehlt dir noch etwas?

5 Was findest du nicht so wichtig?

› sprachliche Mittel und Ideen sammeln
› strukturiert und adressatengerecht schreiben: formeller Brief

Einen höflichen Brief schreiben

1 Die Lupe-Kinder wünschen sich ein Zirkus-Projekt an ihrer Schule. Lege eine Liste mit Argumenten an, die die Kinder in einem Brief an die Schulleitung nutzen können.

2 Schreibe einen höflichen Brief an die Schulleiterin Frau Schulze.

Einen höflichen Brief überarbeiten

1 Lies Fridas Brief an den Kioskbesitzer.

Hallo Herr Gerstner,
ich mag dich gerne! Ich kaufe immer morgens bei dir im Schulkiosk ein. Mir schmecken die Schoko-Muffins gut, obwohl sie nicht so gesund sind.
In meiner Klasse habe ich als Klassensprecherin eine Umfrage gemacht. Die Kinder haben ihre Wünsche für den Schulkiosk aufgeschrieben.
Sie wünschen sich ein gesundes Frühstück, zum Beispiel Vollkornbrot mit Käse oder vegetarischem Aufschnitt.
Die meisten mögen auch Obst. Sie essen Äpfel und Bananen. Es wäre toll, wenn du so etwas auch verkaufen könntest.
Ich komme morgen wieder bei dir vorbei,
deine Frida Peters aus der Klasse 3b

2 Kontrolliere den höflichen Brief mit der Checkliste.
Hat Frida alle Tipps beachtet? Kreuze ☺ oder ☹ an.

Checkliste

- Frida hat an den Ort und das Datum rechts oben gedacht. ☺ ☹
- Sie hat eine Anrede gewählt. ☺ ☹
- Sie hat Beispiele für ein gesundes Frühstück aufgeschrieben. ☺ ☹
- Sie hat höfliche Anredepronomen benutzt und groß geschrieben. ☺ ☹
- Frida hat einen Abschiedsgruß formuliert. ☺ ☹
- Sie hat den Brief mit ihrem Namen und ihrer Klasse unterschrieben. ☺ ☹

3 Streiche die Sätze im Brief durch, die **nicht** in einen höflichen Brief gehören.

4 Schreibe Fridas Brief überarbeitet auf Seite 61 auf.

Einen höflichen Brief überarbeiten

1 Pauls Schwester Martha hat einen Brief an Herrn Isak, den Schulleiter, geschrieben. Lies.

> Neustadt
> Hallo,
> ich wende mich mit einem wichtigen Anliegen an dich. In unserer Schule fehlt eine Schulbücherei. Viele Kinder würden bestimmt mehr lesen, wenn sie in der Schule Bücher ausleihen könnten. Ist doch wahr, oder? Man könnte die Bücherei auch zum Suchen nach Informationen für den Unterricht nutzen. Du hast übrigens ein echt schickes Auto! Martha

2 Unterstreiche, was Martha in diesem Brief noch verbessern muss.

3 Schreibe den Brief an den Schulleiter überarbeitet auf.

Detektivwissen überprüfen

1 Teste dein Detektivwissen über einen **höflichen Brief** und kreuze an.

	richtig	falsch
In einem höflichen Brief spreche ich den Empfänger mit „Sie“ und „Ihnen“ an.	☐	☐
Ich begründe meine Meinung mit Argumenten, um den Empfänger zu überzeugen.	☐	☐
Ich muss immer eine Frage im Brief stellen.	☐	☐
Den Brief beende ich nur mit meiner Unterschrift.	☐	☐
Das Datum und den Ort schreibe ich oben rechts in den Brief.	☐	☐
Höfliche Anredepronomen schreibe ich groß.	☐	☐

2 Überlege, was du gern verändern würdest und an wen du deshalb einen höflichen Brief schreiben könntest.

Brief an: ______________________________

Das möchte ich gern verändern:

____

____

____

› eigenen Lernstand einschätzen
› Lernergebnisse präsentieren

Spurensicherung: Der 6. Hinweis!

Die drei Mädchen rennen kichernd davon.
Umut runzelt die Stirn. „Frau Krones hat uns angelogen.
Sie war am Wochende am See und nicht beim Wertstoffhof.
Wir sollten noch mal mit ihr reden."
Lulu hat einen anderen Vorschlag.
Die Lupe-Kinder verstecken sich hinter einer Mauer und warten.
Nach zehn Minuten kommt Frau Krones aus dem Haus.
Sie ruft ihren Kindern zu: „Seid nett zu Tante Eva!"
Dann klinkt sie einen leeren Anhänger an ihr Fahrrad
und fährt davon. „Los, hinterher!", zischt Paul und eilt voraus.
Lulu, Umut und Elsa folgen ihm mit ihren Rädern.
Bald holen sie Frau Krones ein und verfolgen sie,
ohne dass sie es merkt.

? Wohin fährt Frau Krones? Sie wählt den linken Weg.

☐ Supermarkt

6a

☐ Park

6b

Die Fallakte: Müll-Alarm!

In die weißen Felder kommen deine Hinweis-Sticker.

Hinweis 1

1

Hinweis 2

2

Hinweis 3

3

Hinweis 4

4

Hinweis 5

5

Hinweis 6

6

Jetzt fehlt dir nur noch ein PASSWORT.
Trage aus jedem Sticker den Buchstaben in das passende Kästchen ein.

Frau Krones schenkt TEAM LUPE den...

1	2	3	4	5	6

Der passt super ins Detektivbüro.

Glückwunsch!
Gemeinsam mit TEAM LUPE hast du den Fall gelöst.
Das Wort ist dein PASSWORT für:
www.team-lupe-ermittelt.de/muell

Brauchst du dabei Hilfe?
Frage einen Erwachsenen.

ACHTUNG: DAS ENDE DES FALLS

ACHTUNG: DAS ENDE DES FALLS

Frau Krones parkt vor den Büschen im Park. Hastig beginnt sie, den Müll auf den Anhänger zu laden. „Helfen Sie auch mit bei der Umwelt-Aktion?“, fragt Elsa freundlich. Frau Krones wird knallrot. „Äh, ... nein. Es tut mir so leid! Ich habe gelogen. Ich wollte meinem Bruder helfen, aber ich hatte keine Zeit. Ich hatte meinen Kindern versprochen, mit ihnen an den See zu fahren. Der Park war viel näher als der Wertstoffhof. Da habe ich die Sachen hier abgestellt. Jetzt bringe ich sie zum Wertstoffhof. Versprochen!“ „Dann ist es ja gut“, sagt Umut. Plötzlich hat er eine super Idee, was man mit dem Sessel machen könnte.

FALL GELÖST!

Platz für deinen Text

Platz für deine Pro- und Kontra-Liste

Hier kannst du eine eigene Pro- und Kontra-Liste zu einem Thema anlegen. Tausche dich mit anderen Kindern über eure Argumente aus.

Thema: ______________________________

Pro	Kontra

Platz für deinen Text

Platz für deine Briefe

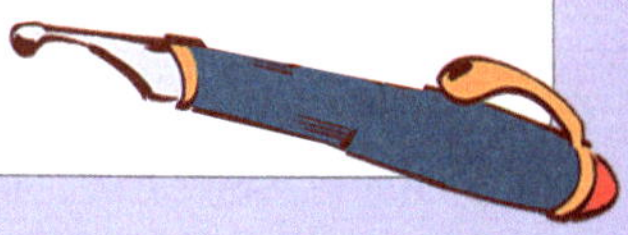

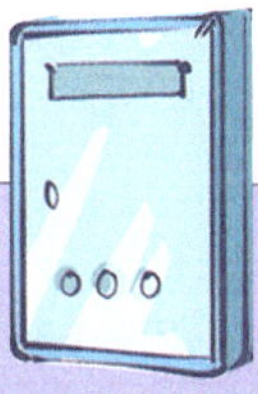

Platz für deinen Text

RECHTE UND IMPRESSUM

Druck A^2 / Jahr 2024
Alle Drucke der Serie A sind im Unterricht parallel verwendbar.

Redaktion: Mandy Busse-Burghardt, Christine Mildner/Hamburg
Krimigeschichte: Henriette Wich
Illustrationen: Cesare Asaro, Iris Blanck, Antje Hagemann, Michael Stapper, Zapf
Umschlaggestaltung: Stephanie Schober, mit Illustrationen von Michael Stapper
Layout: PER Medien, Braunschweig
Technische Grafiken: blum design und kommunikation GmbH
Druck und Bindung: Westermann Druck GmbH,
Georg-Westermann-Allee 66, 38104 Braunschweig

ISBN 978-3-14-**141478**-3